高效学习法

最短の時間で最大の成果
を手に入れる

[日] DaiGo——著

凌文桦——译

四川文艺出版社

只 为 优 质 阅 读

目 录

CONTENTS

PART 1

7 种无效的学习方法

PART 2

超效率学习法的基础

PART

4

增强记忆力：
"学习后"要做的5件事

学习高手进一步提高学习效果的7个学习习惯

PART

6

超越天分的差距！
提高脑力的科学训练

PART

1

7 种无效的
学习方法

你在学校所学到的学习方法有 90% 都是错误的。

如果我这么说的话，你会怎么想呢？是不是会觉得我说得太过分了？

然而，这是一个不争的事实。虽然学校里的教师都是教书的专业人士，但他们并非都是学习的专业人士。因此，教师们曾学习过最新学习方法并付诸实践的案例很少。

有一次我去当地的一所学校听讲座，当时我感到非常震惊。因为演讲者不仅毫无疑问地教授了已经被科学所否定的学习方法，而且他甚至禁止使用智能手机和平板电脑。

我问了他一下原因，他给出的理由是"因为电子设备会分散学生的注意力"，但是他应该知道电子设备还有更多的优势吧。

否认有机会学到对学习更有效更有益的信息，并且不断地重复教授一些即使努力了也得不到回报的学习方法。这样下去就会不知道自己到底为什么而学习。

　　顺便说一句，我还是个孩子的时候，也遇到过这样的教师，教导我们必须用铅笔而不可以用自动铅笔写字。当然，可能也会有一些教师能够运用教育领域最新学习理论来教导学生，不过这样的人实在是少数。不合时宜的教师人数不会减少，这是每个时代都面临的相同问题。

　　以此为契机，我开始研究"学习方法"。在我读高中的时候，我问一位著名的数学老师："你为什么不教教我们洛必达法则呢？"结果他说："因为教学指导上面没有写，就算教给你们也没什么用。"一句话就把我拒绝了。

　　因为使用"洛必达法则"可以很容易地获得极限值，因此在解决一些计算问题时非常实用。不把这些有用的知识传授给学生，简直就像在智能手机时代还用着旧式拨号电话一样。

　　首先，所谓"学习"，不过就是一项把自己的思想叠加在伟大先贤的教诲之上的工作。在汽车已经如此流行的现今时代，根本就没有必要再重新发明轮子了。

　　由于对老师的教学方式很失望，于是我下决心"一定要考出比这位老师教的所有学生都高的分数"。我一边左耳进右耳出地随意听着这个老师的课，一边练习着自己研究出来的科学学习方法，最后我真的成了年级第一名。

　　最重要的是，掌握一种科学有效的学习方式可以让学习过程变得更加愉快。

掌握一种有效的学习方法的任务类似于学习游戏规则的过程。下象棋时如果不知道如何移动棋子，就没办法下棋，但是一旦知道了规则，就可以制定具体的策略了。

如果用和这个一样的流程来研究学习方法的话，我们可能就会变得能够理性地进行思考了，比如，"我应该在这个时间点进行复习，然后再学习下一个科目会比较好……"此时，刻苦学习就具备了游戏的策略性，变成不是被别人强迫，而是单纯地自己想要学点东西的过程。

从这个意义上说，也许我应该感谢那位老师。

像这样，在这个充满了陈旧低效学习方法的现今教育界中，如果只用这样的方法学习的话，无论花多少时间，都只不过是"好像学过了"而已，不可能有任何真正的收获。

我们真正需要做的就是仅使用正确的有科学依据的技巧。所以，尽快地开始使用"超高效学习方法"，将我们宝贵的时间有效地利用起来，并发挥到极致。

经科学证实缺乏效率的七种学习方法

首先，在传授正确技巧之前，让我们先来看几个"大家都很推荐的、看似很科学实际上效率低下"的学习案例吧。这些"有科学性却毫无效率性的学习方法"到底有哪些呢？

2013 年，美国肯特州立大学收集了过去发表的关于学习方法的论文，想要从中找出真正有效的学习技巧。

在本次实验中研究了 200 多项实验数据。我们从中选取了一些日常中常使用的技巧，例如，反复重读教科书，对教科书进行总结等，并对这些数据进行研究，看看其效果到底如何。

结果我们发现，有七种学习方法被判定为"效率低下"。

- 1. 突出显示或者加下画线；
- 2. 谐音记忆；
- 3. 内容摘要；

■ 4. 重读书本；

■ 5. 集中学习；

■ 6. 搭配自己的学习习惯；

■ 7. 在遗忘之前复习 。

所有这些都是许多学校和预科学校所教授的技巧。那么这些标准的学习方法到底有什么问题，为什么我们不应该使用它们呢？接下来让我们逐一进行剖析。

▼

无效率学习法一：画重点

第一种效率较低的学习方法是突出显示或加下画线。

把教科书或参考书上面自己认为比较重要的部分用记号笔或圆珠笔标记出来，这是每个人都使用过的一种技巧。

然而，许多心理学家称突出显示和下画线"只不过是一种自我安慰"罢了。因为我们根本无法用突出显示或加下画线的方式来让大脑记住我们想要记住的内容。

一看到课本上花花绿绿的突出显示，我们的大脑会自动判断"这是重点"，并且因为确认了这些重点而产生的安全感，会让我们从心里产生放松的感觉。

其实这样做倒也没什么关系，但问题在于如果只是标颜色或加一些下画线就会让我们的大脑产生满足的感觉。此时，大脑只会认为这是"重要的信息"，并没有认为"这是值得记住的内容"。因此，当这种情况发生时，学习内容就不会被牢牢地保存在我们的大脑中。

此外，突出显示还有这样的缺点，它会让人把注意力集中在这是"特定的知识"，而没有把它当作"有用的知识"来掌握。

例如，如果我们用马克笔在"公元 600 年派出了遣隋使"这样的信息上加上标记的话，我们的大脑就会只关注年号和历史术语。但是，这里真正的重点是要掌握当时日本处于什么样的环境，以及基于什么样的理由才派遣了遣隋使。

然而，大脑的注意力只投向了突出显示的部分，因此很难全面地捕获到这句话所包含的信息。不可避免的是，即使我们可以通过这样的方式来解决重视死记硬背的这一现实问题，但当涉及应用问题时，我们脑海中则只能显示出一些毫无用处的知识。

▼

无效率学习法二：背口诀

第二种效率较低的学习方法是谐音记忆。

这种方法大家肯定也都用过不止一次，比如，把 2 的平方根

（1.141421……）记为"意思意思而已"，把1868年的明治维新读成"一把搂罢明治维新"等。甚至还出了许多专门研究谐音记忆的参考书。

事实上，这种技术的确具有不容易忘记的好处，并且在考试中也相当有用。即使在化学课上习以为常的元素周期表，如果变成一个谐音顺口溜，"清亥，鲤皮捧碳，蛋养福奶……"就会很容易记在脑海中，想要忘记反而变得很难了。

然而，这只是作为"助记符"所具备的优点，但是作为"学习方法"，从掌握实用知识的角度来看，它的用处不大。

如果考试中遇到了有关元素周期表的问题，如果按照背诵过的顺口溜"清亥，鲤皮捧碳，蛋养福奶……"一个个对照过去的话，总能回答出来几个。

但是，如果用这种方法的话，当我们被问及元素周期表的垂直列和水平列都有什么含义时，就完全回答不上来了。比如，当被问到"每一族元素的特征是什么？"顺口溜记忆法根本不起任何作用。

元素周期表显示了元素之间的关系，例如，"锂更接近于这一族，其价电子数为……"

在谐音记忆中，只能记住"元素的顺序"，其他的信息都被省略了，因此无法更加深入地理解其中所包含的信息，最终变成无用的记忆。

如果是以前的考试的话，用这种强调死记硬背的学习方法也许还能取得不错的成绩。但是现在，只要求记住知识点数量的考试正在逐渐减少。如果只是使用谐音记忆的话，就只能掌握一些临时性信息，在实际考试中可能一点儿也起不到作用，无异于临时抱佛脚。

在商务场合和日常生活中也是如此。

那些我们必须解决的日常问题背后总是隐藏着各种各样的背景。

如果我们只是简单地处理眼前发生的问题，而没有去了解问题产生的原因，以及它与什么样的现象相关联，就别指望从根本上解决问题。

虽然谐音记忆对于记住购物清单和短期任务很有效，但是如果不理解前后文的逻辑连贯性，它就不能成为有用的知识。

▼

无效率学习法三：内容摘要

────

第三种效率较低的学习方法是"内容摘要"。

试图用一页纸总结出历史的发展流程，或者只是简单地罗列出数学方程式等，这是学校和预科学校经常使用的方法。由于这种方法实在太常见了，所以如果有人对我们说不应该使用它，反而可能会难以接受。

然而，事实上，总结这一行为存在着"难度太大"的问题。

具体来说，要做好总结，必须满足以下几点：

● 了解整体信息流。

● 抓住文本内容的重要部分。

● 用简短的文字将重点描述出来。

老师们只是随口说一句"请总结一下"，但实际进行的时候，背后则隐藏着大量需要处理的信息，这给我们的大脑带来了很大的负担，因此这绝对不是一件容易的事。教育学领军人物约翰·邓洛斯基博士等人就断言说："即使是大学生，也需要经过长时间的训练才能做好总结。"

换言之，那些善于总结的人的头脑中，极有可能从一开始就以井然有序的方式输入了适当的信息。换句话说，擅长总结的人根本就不需要做总结。

很多学校都指导学生要"提取关键词，做笔记"等，但无论列出多少关键词，如果不了解整体信息流，是没有办法做好概括总结的。

所以老师的这类指导对于学生的大脑来说，可能就是一个恶作剧般的负担。因此，从高效学习的角度来看的话，总结是一个成功率很低、造成大量精力损失的学习方法。

总结需要一些技巧，如果满足了某些条件，它也可以成为一种非常有效的学习方法。关于这一点，我们将在第 2 章中详细阐述。

▼

无效率学习法四：反复阅读

第四种无效率学习法是重读书本。这也是一种不值得提倡的学习方法。

众所周知，有一种技巧就是提倡反复阅读教科书或参考书。甚至有一本指导书断言说："每天通读课文 30 分钟，你就能完全掌握书中的知识。"

像这样反复重读书上的内容，所花费的时间自然会随之增加，所以它会让我们产生这样的印象，这个方法一定很有效。但是，在实际检验后，并没有发现反复重读书本能起到很大作用的实际案例。虽说读书总比什么都不做要好，但现实是并没有取得与自己付出的时间成正比的相应结果。

反复重读课本之所以效率低下，是因为它作为一种学习方法是"被动式的"。

如果反复重读书本，与信息接触的时间的确增加了，这会让自己觉得我已经学过了。然而，仅仅依靠反复阅读课本是不可能提出诸如"这个解决方案和我之前在另一本参考书上看到的不同……"或者"为什么刺杀皇太子会演变成一场波及整个世界的战争？"等这样比较深入的问题。

首先，人脑的设计使其无法捕捉不感兴趣的信息。想必我们每个人都有过这样的经历，茫然地盯着书本，虽然一页一页地翻着貌似读了不少，但是内容一点儿也没有记在大脑里。

为了防止发生这种现象，我们有必要在读书时始终对面前的文字持有怀疑的态度。例如，很少有人会在开始阅读诸如"1543 年葡萄牙人漂流到种子岛……"之类的枯燥文字后立即就产生了学习的动力。这是因为这种与文本交互的方式是被动的。

换种方式的话，如果我们把这段文字改成问答模式，比如，"第一个来到日本的欧洲人是哪个国家的？"我们应该就会开始思考答案了。由于减少了被动元素，大脑开始重新对信息产生了兴趣。

如果你对自己的学习方法产生了疑问，不妨尝试思考一下，"这种技巧是不是被动形式的啊"。仅此一个问题就可以有效地区分哪些是可以使用的学习方法，哪些是不可使用的学习方法。

▼

无效率学习法五：集中学习

第五种无效率学习法是集中学习。

这是一种集中几个小时的时间彻底学习一门学科或某个单元的方法。如果你想掌握现在完成时的话，你可以只学习现在完成时，如果你想了解向量，那就把这段时间都用来研究向量。我曾看到一些预科学校也在使用这种方法。

不得不说，这种方式作为学习方法效率也非常低下，即使我们集中精力专注于死记硬背，能够留在记忆里的也不会很多，大量数据揭示了一个事实，在这段时间里记住的大部分信息过一周就都忘光了。自己明明花了那么大的力气学习，结果却毫无意义。

为什么集中强化学习没有效果呢？

过去几年的研究表明，人脑会根据情况在两种模式之间切换。

- 集中模式——集中精力认真关注眼前信息的一种状态。

- 放松模式——轻松地任思绪放飞的一种状态。

不用说，集中学习所使用的就是"集中模式"。这时候，我们的大脑中用于思考分析事物的能力被打开，并且全速运转以理解我们所面对的信息。

但是，仅仅处于"集中模式"之中，我们无法获得真正的知识。

集中模式增强了我们对特定信息的理解，例如，"如何求解递归公式"等。但是，如果一直保持这种状态，而不进行模式切换的话，则无法帮助我们进行知识拓展，例如，进行"如何将递归公式用于函数方程"等这样的深入展开。又如，就算我们学习了"This is a pen"等这样的内容，我们也无法将这些知识应用到与母语人士的对话中。

此时我们需要的是"放松模式"。在这种模式下，由于思维跨越了英语、数学等学科，开始天马行空地游走，大脑中的各种信息彼此连接起来，开始创造新的想法。

也许很多人都曾经有过这样的经历，一个苦思冥想也想不明白的问题，在洗澡的时候突然大脑中灵光一闪，就找到了解决方案，这种现象是由于淋浴让人感到放松，于是使得大脑中的不同信息开始互相连接，最终组合成了解决问题的方法。

适当的休息对于获得有用的知识至关重要。如果我们持续在集中模式下学习，是无法掌握解决应用问题的能力的。

引导我们走向放松模式的正确方法将会在第 4 章中进行详细说明。

无效率学习法六：
搭配自己的学习习惯

这里的"学习习惯"指根据个人的喜好和天生能力来改变学习方式的方法。

选择适合自己习惯的学习方式，比如，有些人擅长文字阅读，那么就以读书为主来学习；有些人喜欢语音学习方式，那么就选择使用有声读物来学习。由于这从直观上看起来非常正确，因此这种学习方法在美国和欧洲非常流行。

最近，日本采用这一方法的情况似乎也在逐渐增加，但实际上，这反而是被诸多实验数据所否定的一种学习方法。近年来，印第安纳大学对数百万人的数据进行了研究，其得出的结论是"很多人都尝试着用自己喜欢的方式进行学习，但实际上并没有提高考试成绩"。

另外，实验证明成绩好的学生总是倾向于使用"某种特定的学习方法"。越优秀的学生越不会被某些无效的学习方法所迷惑，他们只会根据一个原则进行学习。

那么他们到底使用了什么样的学习方法呢？我们将在第 2 章中详细阐述，无论如何，一直选择自己喜欢的方式进行学习是下下策。真正有效的学习方法是没有个体差异的。

▼

无效率学习法七：在遗忘前复习

对于学习来说，"复习"是真正的王道。

知识不可能仅仅靠一次性的学习就扎根在我们的脑海之中，如果我们不进行重复到厌倦程度的复习，那么可以使用的知识就不会牢牢地印刻在大脑里。这是在过去的心理实验中已经多次得到证明的一个事实，以后应该也不会被推翻吧。

然而，至今仍有很多人对一件事有误解，那就是复习的时间点。

当我们还是个孩子的时候，是不是都曾经被老师这样教导："赶紧趁着自己还没有忘记，快点复习你今天所学过的内容。"这听起来似乎是一个很不错的建议，但从科学的角度来说却是被否定的。

美国曾进行过这样一项实验，把复习时间划分为各种模式，以确认到底在什么样的情况下复习的效果最好。结果大致如下：

● 在所学内容还没有完全忘记之前进行复习的学生，期末成绩最差。

● 考试成绩好的学生都在刚刚忘记的时候复习所学内容。

"趁着自己还没有忘记赶紧复习"的建议完全错误，正确的方法是"忘记时再开始复习"。

之所以会发生这样的现象，其根本原因在于我们的记忆机制。

我们的大脑已经进化到尽可能少地浪费能量。比如，只要还没到最后期限，我们就不想工作，大部分人都很难养成运动的习惯等，都是因为我们的大脑想更轻松。

因此，如果我们还没有忘记一个东西，却偏要着手复习，大脑会开始如下思考："这都是已经知道的信息，所以没有必要花力气去记忆……"

结果可想而知，明明复习了却没有记住，最后只不过是在毫无意义地浪费时间罢了。

另外，如果我们在忘记的时候开始回顾的话，大脑的反应会是这样的："你这么努力地想要想起它来，这个信息一定很重要。我一定要牢牢地记住它！"

回忆的工作会给大脑带来刺激并促进记忆的存留。请务必牢记这一点，因为它非常重要。

到此为止，我们已经看过了几种从科学角度来看效率低下的学习方法。

也许已经有人注意到了自己正在用某种错误的学习方法学习，也许有些人已经开始缺乏动力了。

但是，请不要担心。我们已经以科学的角度找到了一种真正有效的学习方法。

一旦我们明白了重点，就不必再有这样的烦恼——"之所以自己不管怎么努力就是提高不了成绩，都是因为我脑子不好"。只要充分理解了学习机制，任何人都可以在短时间内取得很好的成绩。

科学学习法的大门是向所有人敞开的。

PART
2

超效率学习法的基础

有效学习的
共同关键是什么？

导读

世界上存在着各种各样的学习方法。

使用图像来帮助记忆，反复阅读一本参考书，大声朗读课文……

由于每种方法都有它们的热心支持者，所以想要从种类繁多的学习方法中选择一种"可用的学习方法"，是非常艰难的工作。

然而，真正有效的"可用的学习方法"都具备"一个共同特点"。正如一部优秀的电影或者小说，其故事的基本要素都是相似的，看似各不相同的学习方法实际上只是相同要素的变体。

那么它们唯一的共通点到底是什么呢？

总结起来就是一句话，即"主动学习"。

顾名思义，就是一种积极地参与到学习之中的方法。不是以一边听课一边记笔记的被动态度学习，而是主动地使用大脑来学习，这才是主动学习的定义。

这是积累了数十年数据所研究出来的技巧，许多经验数据都得出了这样一个结论，"一种高效的学习方法一定包含了主动学习的要素"。

也许很多人会认为这是理所当然的。

主动学习是一种大家耳熟能详的学习方法，经常出现在学校和公司的培训中。

所有人都知道，积极地工作、学习比消极地工作、学习更容易取得成果。但是当讲师说："让我们把自己刚刚学过的东西教给旁边的人吧！"可能有很多人都有过根本不愿意听从这个指令的经历吧。

然而，本书所提倡的方法并不是"重视产出"或"让我们通过讨论来加深理解"等这种级别的建议。

现在的主动学习大部分是在有限的课堂和讲座时间内使用的。因为它是在参与者没有主动意识的情况下完成的，所以其效果非常有限。

因此，我强烈推荐"主动到不能再主动的学习方法"。

上课前预习、定期测验、在家复习、看自己喜欢的漫画和玩游戏、睡前的放松时间……

我们可以将日常生活的方方面面都转变为实践主动学习方法的场所，而不仅仅局限于课堂和讲座中。

什么是"主动到不能再主动的学习方法"？为了加深对它的理解，我先举一些我个人进行实践的例子。

提升学习力的
"蓝色图表分散式学习法"
是什么?

我开始实践"主动到不能再主动的学习方法"是在高考的时候。

你知道"蓝色图表"吗?它是一本蓝色封面的著名数学参考书,至今仍是很受考生们欢迎的一本厚厚的书籍。

大家使用这本书时,一般都是从第一页的基础问题开始做。我身边的人也是如此,大多数学生都从第一页开始按照顺序进行。

然而,事实上常常会学着学着就感到厌倦了,刚完成了前面一半就做不下去的事情经常发生。即使是学习历史也是,学到江户时代之后，学习积极性就开始下降，结果导致非常重要的近代史被忽视了的情况时有发生。

我是这样学习这本书的。

首先，快速浏览一下所有例题，让自己对整体有一个大致的模糊印象，比如，"原来有这样一个公式啊"，等等。

此时的目的并不是记住它们，重点是快速浏览一下。只要能够从开头通读到最后，我们就不会被参考书的厚度所吓倒。

花了大约一周的时间通读完所有内容之后，我开始以一种其他人从来都没有用过的方式进行主动学习。我带着《蓝色图表》这本书来到了学校勤杂工办公室，请他们帮忙把这本书拆开，变成一页一页单独的纸。

然后，**当这本蓝色图表被拆成零散的一页一页之后，再把它们打乱顺序重新装订在一起，这样准备工作就完成了。**解释的顺序也完全被打乱，翻开二次函数这一页，后面紧跟着的是矩阵，再往后翻是向量，然后是三次函数……以此类推，彼此之间毫无联系。我每天就带着它去上学，在教室里专心致志地解决上面的问题。可以说是毫无秩序，大脑也是处于混乱的状态。

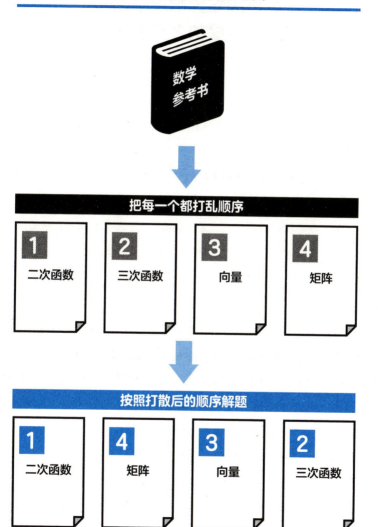

蓝色图表无顺序学习法
所带来的3个好处

乍一看，这似乎是一种非常混乱很不可取的学习方法，但实际上，我切身感受到许多好处。

第一，我解决应用问题的能力变强了。得益于随机解决不同类型的问题，从而扩大了寻找解决方案的范围，学到了更多的解题方法。

为了在考试中活用学习成果，能够综合使用多种解题方法的能力必不可少。特别是那些高门槛名校的试题，经常需要多种类型的解题方案，比如，有些题目看上去是二次函数问题，实际上却需要使用向量知识来解决。

如果像平常一样按照从第一页开始的顺序中规中矩地学习一本参考书的话，那么处理此类应用问题的能力将会很低。在阅读向量章节时，大脑会只关注向量问题的解答方法，而在三次函数章节中，则只关注三次函数的解法，因此一种解题方法没有与其他的方案关联起来，最终变成一个没有实际应用能力的大脑。

第二个优点是我的考试能力变强了。

在实际考试中，题目也不会像参考书那样按照顺序出现，三次函数后面经常会出现意想不到的矩阵问题。如果一点儿心理准备都没有的话，肯定会陷入恐慌之中，不能让自己的真正能力得以施展。

另外，因为按照我的这种学习方法就会习惯于三次函数后面会出现向量等内容这种混沌的状态，所以就算出现意外情况也不会觉得有什么大不了的。这是我以前从没有想到过的优点。

第三，最大的一个优点就是"我从不会对学习感到厌倦"。

很显然，学习最大的敌人是"厌倦"。无论我们采用多么优秀的学习方法，如果不能长时间坚持下去的话，都是不可能学到真本领的。

世界上之所以有那么多人没能把学习坚持到底，都是因为他们所使用的是一种"可以轻松预测未来的学习方法"。

按照通常的顺序通读参考书，学到向量这一章节时，大脑里自然而然地就会做出"这后面都是和向量有关的内容……"的预测，因此无法从中获得新的刺激，这样就很容易感到厌倦。

但是电影或者电视剧是怎么样的呢？

高质量的作品总能唤起观众的兴趣，让人们不由自主地想"接下来到底会发生什么呢"，不断地激发观众的好奇心。同时，由于观众自己对故事的发展进行了预判，于是就自然而然形成了一种接近于主动学习的状态，所以电影和戏剧总是能让我们牢牢地记在脑海中。

我所使用的学习方法其原理也一样。**由于在短时间内不停地切换需要学习的内容，所以比起长时间地持续学习同一类型的内容更能让人产生兴趣，因此可以坚持学习而不会感到厌倦。**

主动学习的
两大要点

当然，我所使用的这个技巧有点儿过于极端了，因此我并不推荐大家都使用这个方法。我只是把我的亲身体验当作一个"主动到不能再主动的学习方法"的例子讲述给大家而已。

那么接下来让我们看看如何更简单地实现"主动学习"。总结了各个机构几十年的研究数据，我们可以得出让学习变得主动的方式大致分为两种。

❶ 回顾
❷ 重新组织语言

第一个"回顾"简单来说就是"想起来"。如第 017 页所述，人脑最活跃并能够将信息牢牢刻入大脑的最佳时间是在完成记忆任务之后。

我经常听到诸如"你应该多参加一些模拟考试"这样的建议，这的确是非常科学正确的方法，不仅可以让我们适应考试，而且越是努力地想起我们所需要的信息，我们的大脑就会变得愈加强大。每次我们一边做习题一边努力回想："哎呀？我应该在这里使用什么公式呢？"此时大脑中的神经元就会重新排列，变成适合学习的状态。

回顾是主动学习的最大支柱，其重要性怎么强调都不为过。**在重新审视自己的学习方法时，一定要试着思考一下"我有没有把回顾合并到某个部分当中呢？"**

第二个要点是"重新组织语言"。简单地说，就是**"用自己的语言来进行转述"**。

例如，让我们来试着想一下英语中介词"on"的用法。

这里最糟糕的方法就是把字典上所讲的用法都背下来的模式，例如，"on 就是在……的上面"等。这是完全不实用的一种方式，比如当我们看到"on your honor"这样的短语时，就会不由得产生这样的疑惑"为什么要在名誉上面用 on 呢……"

接下来，照原样记住诸如"on the desk"或者"on Monday"之类的短语也是一种非常糟糕的方式。同样地，当我们看到"He's on drugs（他在吸毒）"之类的特殊用法时，也会感到非常困惑。

但是，如果我们试着用自己的语言来重新解释一下，比如，"on 所表示的是自己接触到的事物，而不仅仅是一个具体的东西"，当然，即使这样想要完美地掌握"on"的用法仍然很不容易，但是至少应该比死记硬背例句要容易理解得多。

简而言之，**"重新组织语言"在帮助理解某事物方面的作用要比帮助记忆某事物上起的作用更大。**当我们想要处理不容易理解的信息时，例如，难以理解的数学概念或者完成式的含义等，"重新组织语言"必不可少。

如果我们遇到一段自己不太理解的文字说明时，我们能试着去想

"如果我换一种通俗易懂的说法会怎么样呢？"这就是主动学习的基本原则。

关于"重新组织语言"，我将从第 061 页开始以通俗易懂的方式进行再次说明。从下一页开始，我们先学习一下"回顾"。

DaiGo式主动学习法1·回顾

回顾

熟练使用回顾的3个技巧

　　终于进入了主动学习的实践篇。首先，我们来看一个熟练使用学习中至关重要的"回顾"技巧的具体例子。

　　正如我之前所说过的一样，从现在开始"回顾"和"重新组织语言"将是本书最关键的部分。由于我将向你介绍如何在日常生活的各个方面使用主动学习的技巧，因此信息量会很大。

　　不过，没有必要尝试熟练掌握所有的技巧，即使你只尝试了其中一种，学习的效率也一定会得到切实的提高。首先，先大致浏览一下，然后从你有点感兴趣的内容开始，并尝试将其融入你的日常生活中。

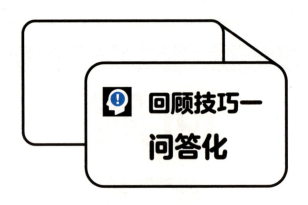

回顾技巧一
问答化

▼

在大脑中进行迷你测试

——

　　第一种技巧是"问答化测验"。这是一种通过将自己想要记住的信息变成问答游戏的模式来测试自己记忆程度的方法。

　　单词卡、背诵课文、模拟测试、问题集。

　　这些技巧都是问答化的典型例子。只要包括了"有意识地记住信息"的元素，那就可以算作是问答化。

　　在心理学领域，这种技巧也被称为"搜索练习"，过去的研究表明，与单纯的背课文相比，这种技巧可以将记忆保留率提高50%~70%。毫无疑问，它的效果非常显著。

迷你测试化

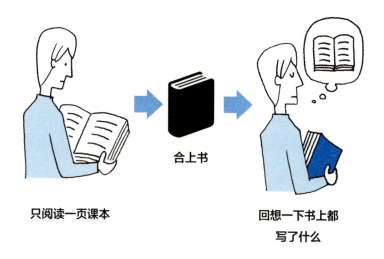

合上书

只阅读一页课本

回想一下书上都
写了什么

　　但是，我并不是想说"让我们做一本问题集吧"之类的话。我在这本书中想给大家的建议是"我可以把我所有的学习都问答化"。

　　例如，当我读一本书时，我会像这样进行问答。

❶ **读完一页书，合上书**。

❷ **试着去回顾，我刚读完的那一页上都写了什么。**

　　在这里能想起来的内容大多是自己感兴趣的部分。"这是这一页的重点，它的解释很独特，很有趣……"像这样在脑海中对自己的记忆进行了检测。这就是我每次阅读时进行迷你测试的大致景象。

你可能会有这样的疑问："刚刚才读完一页书，能立即记住它吗？"但是如果你实际尝试一下的话，你肯定会感到非常震惊。由于我们的记忆非常不明确，如果我们不在某个地方加入"回顾"这一步骤的话，我们甚至无法记住几秒钟前刚刚看到的信息。

当然，每页都做一个小测验需要花费很多时间，所以当我们习惯了之后，可以安排"每个大标题进行一次回顾"，或者"每读完一个章节进行一次回顾"等。仅此一项，就会比以正常的顺序阅读书本大大地提高学习效率。

当你在应用这个技巧的时候，在阅读越是基础的书本时，越是要留意进行详细的问答。因为基本上来说，我们"回顾"的次数越多，就越容易记住，所以如果你是考生的话，请在阅读学校使用的教科书时进行，如果你是正在准备资格考试的商务人士的话，请在阅读官方推荐的课文时进行，每读一页就进行一次问答，这样可以发挥出最大的效果。

▼

把问答化也应用于记笔记的时候

同样的技巧也可以应用于记笔记的时候。

❶ **当我们读书的时候想到"我想做一下总结"，那么请合上书本。**

❷ **一边回顾自己想总结的内容，一边记笔记。**

一边看着课本一边记笔记，信息是不会保存到大脑之中的。重要的是一边在大脑之中回忆自己刚刚读过的信息，并在思考的同时将其写出来，比如，"金属应该具有三个特性……一是导电性……"

顺便说一句，我最近开始通过语音识别来记笔记。读书的时候如果我觉得此处是重点的话，就合上书本，并启动 iPhone 上的语音备忘录。比如，"读懂哈耶克所著的《通往奴役之路》的 3 个要点是……"，把想要记录的内容录入设备之中。

问答化笔记术

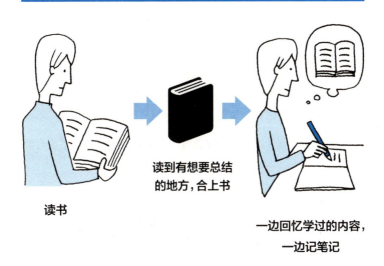

读到有想要总结
的地方，合上书

读书

一边回忆学过的内容，
一边记笔记

使用语音的好处是除了问答化之外，还可以刺激短期记忆。出声朗读的好处早已广为人知，所以自己把书本上的内容朗读出来，更容易让自己记住。

由于大声朗读的时候，嘴、耳朵和眼睛等器官协同工作，增加了对大脑的刺激。

这在专业上被称为"多模态"，我们将在第 5 章详细介绍。

▼

每天都应该进行考试

———

"考试"也是问答化的典型例子。也许很多人非常不喜欢学校举行的常规考试，但从真正有效的学习方法的角度来看，没有比这更好的技巧了。

然而，学校考试的缺点是进行的频率实在太低了。

即使在期中考试和期末考试中间会增加一些突击考试，一个学期最多也就进行 7 到 8 次。如果准备参加商务资格考试或为了业余爱好而学习的人，能够参加考试的机会就更少。

从科学上讲，考试是最强的学习方法之一，但如果一个学期只进行 7 到 8 次考试的话就没有什么意义了。如果你真的想取得学习成果的话，就应该每天进行考试。

自己来制作考试题

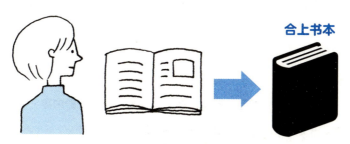

学习时，遇到想要记住的内容时合上书本

一边回忆刚刚学过的内容，一边把它变成问答

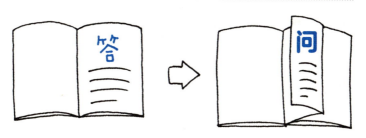

在笔记本的一面写上答案，然后折起来在另一面写下问题

为了使考试日常化，比较常用的方法是大量地做一些自己最喜欢的问题集或历年考题。如果你能做到这一点的话，效果就会非常显著。

但是，在本书中我想向大家推荐的方法是"自己来制作考试题"。一边实践我前面所提到过的"问答化的同时记笔记"，一边来设计一些测试问题。可以按照如下的步骤操作。

❶ **如果你在学习的时候发现了一些自己想记住的内容，请合上书本，一边回忆一边把它变成一个问答题。**

❷ **把问题的答案写在笔记本上，把这一页对折将答案隐藏起来，再把问题写在折叠的部分。**

举个例子，如果你对"1955 年亚非会议在印度尼西亚万隆举行"的内容感兴趣的话，可以将其转换为这样的问题"1955 年亚非会议在哪里举行？"如果你想记住"哈密顿－凯莱定理"，那就制作一个实际需要使用此公式解答的题目就可以了。

如果我们能够像这样用自己的头脑来思考问题，不仅主动学习能力会得以提升，而且读书会比以往的普通阅读要更加细致，这会加深我们对书本内容的理解，可谓是一项一箭双雕的技巧。

如何使用思维导图来制作测试题

使用思维导图进行测试

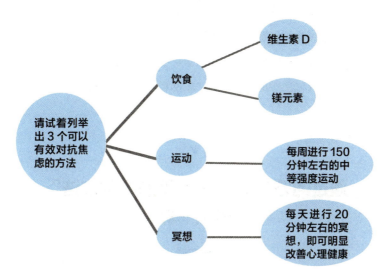

我在制作测试问题的时候，会使用"思维导图"（如图所示）。

如果我在阅读时发现了兴趣点，会立即拿出智能手机并启动名为"iThoughts"的思维导图应用程序。输入"请试着列举出 3 个可以有效对抗焦虑的方法"这样的问题之后，在分支部分写下"饮食""运动"和"冥想"等答案。

接下来，我将每个分支进一步增加分支，并添加"每天进行 20 分钟左右的冥想即可有效改善心理健康""每周进行 150 分钟左右的中等强度运动"等补充信息。通过多次重复此项作业，可以使用每个分支的信息创建多道测试题。

记录完成之后，把带有答案的各个分支隐藏起来，就可以进行测试了。点击问题，答案将立即显示出来。

不过，如果不想特意购买思维导图应用程序也没有关系。只要能够随时轻松参考的东西都可以，比如在笔记本上手写并进行测试，或者使用自己比较熟悉的工具，如"印象笔记"或"抽认卡"。

▼

通过问答化让"不可用的学习方法"焕然一新

使用问答化概念，可以将第 1 章中所列举出来的"虽然科学但效率低下的学习方法"转化为有效的技巧。

以"重读书本"为例：

❶ 重读一页之后，将视线从书本上移开。

❷ 试着回想一下刚刚读完的这一页所写的重点是什么。

只要能做到这一点，原本是被动学习方式的"重读书本"，就会重生为主动学习。这是一种商务人士读书时也可以使用的技巧。

此外，当我们想把"内容摘要"变成测验问题时，基本方法也相同。

❶ 读完一本书后，先放一会儿。

❷ 当对书本内容的记忆开始模糊时，不看书，进行总结。

❸ 对照书本检查自己所摘要的内容是否正确。

在第 1 章中，我提到过摘要需要很高的技巧，但是如果你能够迈出这一步的话，会帮助你更容易地记住摘要的内容，并通过最后的内容检查帮助你达到与参加考试相接近的效果。

无论如何，最重要的是将"回忆这一步骤"加入学习的某个过程之中。如果你因为无法获得学习结果而陷入困境时，请首先试着考虑一下"我可不可以把它问答化？"这是掌握最强学习方法的第一步。

要点

试着通过把自己想要记住的内容进行问答化测试并提出问题。

大声朗读更能刺激大脑，使记忆更加扎实。

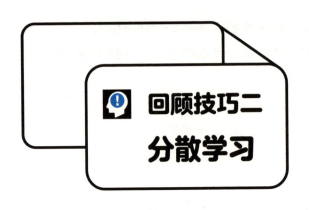

逐渐增加复习间隔

第二种技巧是"分散学习"。在科学界，这项技巧与"考试"一起并称为强大的学习方法，有无数的数据证实了它的有效性。

简单来说，分散式学习是一种"逐渐增加复习间隔的技巧"。与第1章中提到的集中学习不同，它是一边创建特定间隔，一边一点一点地向大脑输送信息的方式。

同样，我们的大脑需要合理的时间来让受刺激的神经元彼此连接以建立记忆网络。就像我们砌砖时必须等待水泥砂浆彻底干燥一样，信息在我们大脑中的沉淀积累也需要一定的时间。

相反，如果我们的大脑可以立即接收所有信息的话会变成怎样呢？

从酒店获取的 Wi-Fi 密码，一周前的购物清单，甚至素未谋面的人的电话号码……

如果我们的大脑里堆满了诸如此类从本质上根本不必要的信息的话，当我们需要真正重要的数据时，根本没有办法立刻从大脑的记忆库中检索到它。

为了防止发生这样的情况，大脑会花时间进行过滤并判断，"这些是经常要使用的信息，所以我会把它保存在容易找到的地方"。

因此，在分散式学习中请按照这样的方式重复进行，比如，学完向量之后，先转去学习另一门功课，然后在三天后重新返回到向量学习上。

这一步会创建出一种回忆的状态，提醒你："你三天前学过的向量公式是什么？"此时你的神经元被最大限度地激活了，这样就可以把上一次学习的内容牢牢地记在大脑之中。

我们的大脑如果没有把装入大脑中的信息忘掉的话，就不能掌握可以应用的知识。学习的过程其实就是遗忘的过程。

▼

最佳的复习时间是什么时候？

虽然分散式学习有各种各样的方式，但目前最准确的一种是研究人员彼得·沃兹尼亚克根据大量过去的数据所设计出来的间隔复习法。

1. **第一次复习在学完 1~2 天后进行。**
2. **7 天后进行第二次复习。**
3. **16 天后进行第三次复习。**
4. **35 天后进行第四次复习。**
5. **62 天后进行第五次复习。**

这个时间表是根据人类记忆衰退时间的平均值构建的，设定在存储信息量减少到 90% 时开始进行复习。对于那些长期坚持学习的人，以这种节奏来进行复习是个不错的选择。

但是，这只不过是一个目标，没有必要过分执着于其准确性。如果你想要一个更粗略的标准，可以使用"2×2 原则"。

这更加简单直观：

1. **第一次复习在 2 天后完成。**
2. **第二次复习在 2 周后进行。**
3. **第三次复习在 2 个月后进行。**

可以按照这样的时间间隔进行复习。

虽然它不如沃兹尼亚克版本那么精确，但是当你想要更舒适地进行，或者在学习优先级别不那么高的科目时，还是非常有效的。

分散学习

沃兹尼亚克

在记忆开始模糊的时候进行复习，是精度比较高的学习法。

START

学习

第一次复习
1~2天后

第二次复习
7天后

第三次复习
16天后

第四次复习
35天后

第五次复习
62天后

GOAL

2X2原则版本

想要比较轻松地进行复习时所推荐使用的学习法。

START

学习

第一次复习
2天后

第二次复习
2周后

第三次复习
2个月后

GOAL

通过“交替方式”来提升
分散学习的效果

另一种由分散学习所派生出来的技巧——“交替方式”也非常有效。

所谓交替，所表达的意思是“插进去”或“交互配置”。从这个意思拓展一下的话，在体育界和音乐界，它指的是在一次练习中交替练习多种技能的方法。

我们来看几个例子。

- 如果是棒球投手的话，在一次练习当中完成所有的投球练习，例如，“曲线球→直线→水平外曲球”。

- 如果是练习钢琴的话，在一次练习中弹奏几种模式的歌曲，例如，“《哈农》→第一次弹奏的较难曲目→喜欢的曲目”。

你了解交替式的思考方式吗？你可能已经注意到了，我曾经使用过的“蓝色图表无顺序学习法”（第 25 页）也是一种交替方式。

过去最标准的学习方法就是“块练习法”，即为了完全掌握一项技术而反复不停地练习相同的内容，然而经过数十年的研究表明，在一次课程中学习多个内容会提高得很快。

南佛罗里达大学在 2015 年进行了一项实验，指示学生用两种学习模式进行学习。

❶ 在掌握了一个方程的使用方法后，开始学习下一个（块练

习）。

❷ 在一堂课中学习如何使用各种方程（交替方式）。

结果，在第二天的测试中，使用交替方式学习的那组成绩提高了
25%，而在一个月后的跟踪测试中，两组之间的分数差异几乎翻了一
番。这是一个可以说是交替方式取得了压倒性胜利的结果。

之所以产生如此大的效果差异，是因为我们的大脑会对简单刺激
有更敏感的反应。

例如，如果我们学数学的时候只是研究矩阵的话会怎么样呢？

在我们重复着类似的问题和解决方案的过程中，我们的大脑最终
由于对矩阵产生了一定的理解和想法，从而导致了僵化的状态。由于
一直在持续进行着单调的学习，"回顾"这一过程并没有发挥作用。

如果这种情况持续下去的话，记忆的保留率会持续降低，并且很
难产生新的想法。结果，很容易只把一些不适用的知识储存在大脑里。

想要避免发生这样的问题，唯一的方法就是在两者之间加入不同
类型的内容，而不是继续进行相似内容的学习。

如果你刚学完了向量，那么你接下来可以学一学二次函数，然后
再学习矩阵，然后是三次函数等，按照这样的模式进行，只要让我
们的大脑不停地接触新内容，原本已经开始僵化的大脑就会被重置。
这是交替方式的一大优势。

交替学习的 3 个要点

为了能够有效地进行交替学习，我们需要记住以下几个要点。我来具体说明一下。

■ 第一点：最多 3 种类型。

虽然可以混合在一次学习中的内容数量没有限制，但一般来说将类型缩小为 3 种比较合适。假设我们在学习英语，不要仅仅持续地背单词和朗读长句，可以试着将"写作→语法→听力"等不同类型的内容混合在一起来进行交替学习。

如果已经感觉比较习惯了，可以继续增加学习内容的种类，但是如果突然进行大量的交替学习的话，可能会超出大脑的处理能力，增加负担。我们可以先试着从 3 种类型开始，看看接受情况再说。

■ 第二点：时间等分。

将要学习的内容缩小到 3 类后，为每种类型平均地分配时间。如下所示。

● 如果一项学习时间为 60 分钟：写作 20 分钟→语法 20 分钟→听力 20 分钟。

● 如果一项学习时间为 30 分钟：写作 10 分钟→语法 10 分钟→听力 10 分钟。

即使每次只有很短的学习时间，也要尽量在每项内容上花费相同的时间。

■ 第三点：确保每段学习完成后都休息一下 。

每次交替学习多久并没有严格的规定，所以选择自己感觉适合的时间就可以。

如果无法判断到底多久才是适合自己的最佳时间的话，可以先尝试一下"90 分钟学习→ 20 分钟休息"的模式。这个循环是一种与人类注意力发生变化的时间相匹配的学习模式，在专业上称为"超昼夜节奏（Ultradian Rhythm）"。

虽然因人而异，会有 5 到 10 分钟的个体差异，但大多数人经常会重复一个 90 分钟学习状态和 20 分钟休息状态这样的循环，所以先按照这个节奏学习无可非议。可以先尝试"超昼夜节奏"几次，看看是否更容易保持专注。

要点

在学习中间安排有效的休息时间。

分 3 个部分学习比专注于一个内容更有效。

有效的交替学习法

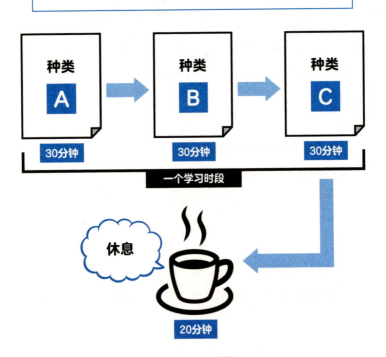

3 个 要 点

1 把学习内容压缩到3种

2 均等分配时间

3 每次学习之后休息片刻

种类 **A** → 种类 **B** → 种类 **C**

30分钟　　30分钟　　30分钟

一个学习时段

休息

20分钟

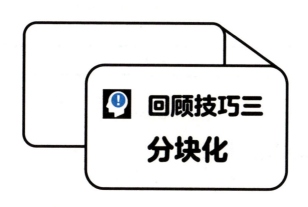

回顾技巧三
分块化

▼

为什么我可以不看任何东西
就能连续不停地演讲 3 小时

第三个发挥回顾能力的技巧是"分块化"。

这可能是听起来有点陌生的词，块（Chunk）的意思是"有意义的块"。它是指一种状态，在这种状态下，不连贯的信息根据一些规则被归纳为一个个的组，从而使之易于记忆。

例如，在记录家庭账簿时，把"收入"和"支出"两项记录保留下来很有帮助。但是，让我们再把"支出"按着具体类别细分为"伙食费""租金""通信费"等。将"支出"理解为 3 种要素的集合，会大大增加大脑记忆的程度。而且自己也可以快速查看到底在哪里发

分块

分块就是进行分类、选择，然后再将其
构筑为"有意义的块"。

模 式 1 分类

✕ 随 机

$$090○○○○△△△△$$

⬇

◎ 分 块

$$090-○○○○-△△△△$$

模 式 2 选择

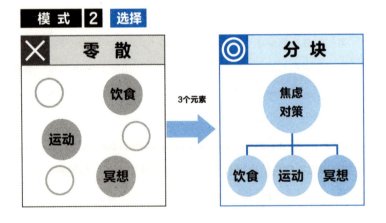

生了浪费，并且更容易管理整体支出。

另一个例子，试着想一下自己尝试记住"电话号码"时的场景。

虽然想要记住"090○○○○ △△△△"这样的随机数字是相当困难的，但是如果像这样"090–○○○○ –△△△△"在中间插入连字符的话，就会突然变得容易记忆了。最初看起来杂乱无章的数字序列一旦被连字符分类，就会将这三个元素连接成了一个块（Chunk），这样记忆起来就可以大大减少大脑的压力，也就容易记住了。

像这样，分块可以帮助我们记忆。基本用法是为原本没有任何区分的数据设置适合自己的"框架"，使其更易于记忆。

▼

块的"标签"可以更换

以我自己为例，在讲解"问答化"时曾经出现过的"饮食、运动和冥想三件事可以有效对抗焦虑"的信息就是一种块（第 39 页）。

对于一般人来说，"运动、饮食、冥想"这三样东西只能看作是完全独立的信息。但是，如果在这里使用分块化的思维的话，则可以将原本零散无关联的信息组合成一个带有"焦虑对策"标签的信息。

此外，我们也可以为这三项加上"减肥"的标签，或者贴上"让头脑变聪明的方式"的标签。分块模式可以有无限多，具体取决于每个人如何组合它们。

当我们的大脑里储存了大量这样的块时，信息的处理速度会变得异常快。

就我而言，最能显示其优点的还是在演讲的时候。最近，我可以在不看任何材料的情况下不间断地演讲3小时。演讲的主题种类繁多，不仅有"如何改善心态"这样的常规主题，还有"为什么可可对身体有益"这样的细小主题，即便是在讲这些不常见的内容时，我也能毫无滞涩地不断抛出系统化的内容。

有的客人感到很惊讶，"为什么你会知道这么多知识呢？"大概是因为我的脑子里收藏了很多块吧。

当被人问及"如何改善自己的精神状态"时，我会从大脑里抽出与心理学相关的模块，然后立即回答"饮食、运动和冥想"。当被问"什么是有效的减肥方法"时，我会使用另外的模块并立即回答"高蛋白饮食、HIIT（高强度间歇训练）、轻断食"等。

因为我每天都会制作各种不同的块，所以当我想到一个问题的时候脑海中会浮现出很多相关信息。

我们周围有很多分块的例子，即使平时并不觉得它们有什么特别之处。比如，下面的学习方法：

● 不要分别记住"artificial（人工的）"和"disaster（灾难）"，而是把它作为一个组合词"artificial disaster（人为的灾难）"来记忆。

● 学习数学定理和公式时，把它们的证明过程和解题方法放在一起记忆。

● 为了记住历史人物，可以将藤原氏、源氏、足利氏、信长等组合成"时代的权力者"来记忆。

　　这些都是分块的基本示例。每一个都是按照自己的方法和规则把多条信息收集起来并总结出来的结果，这比单纯地分别记忆能够大大地增加记忆保留率。

▼

通过"分块"获得天才的直觉

　　"分块"是一项很需要耐心的工作。因为必须将脑海中的多条知识连接组合起来，并能够随时随地把它们找出来。

　　因此，大量的重复练习是掌握"分块化"的前提。一边使用迄今为止介绍过的"考试""分散式学习"和"交替式学习"等技巧的同时，一边将多个块装入自己的大脑，这是基础中的基础。

　　这需要花费很长的时间，但在我们不断地提高学习的数量和质量的过程中，我们一定能掌握分块的诀窍。一旦我们学会了分块的技巧，其好处不可估量。

　　当然，记忆保留率肯定会大大提高，不过最大的优点还是"直觉"开始发挥作用。

　　● **当我们看到一道数学题时，能够在想出解题方法之前就得到**

正确的答案。

● **只需读一遍英文文章即可找到选择题的答案。**

分块化水平越高的人，就越有可能发挥出在旁人看来与天才无二的能力。

正常情况下，必须按照"A → B → C → D"的顺序进行逻辑分析，但由于大脑中的信息被压缩，我们可以在瞬间理解逻辑扩展，只需"A → D"这样一步就可以得出正确的答案。

我只要一有空，就会一边进行分块化一边复习，并且会在间歇时间看自己用思维导图制作的测验。拜这个所赐，我经常被不了解情况的人批评，"DaiGo 这家伙整天批评别人手机上瘾，自己却一直盯着手机看"，这也挺让人苦恼的。

▼

掌握"深度模块化"的３个要点

虽然再次重申有点啰唆，不过还是要强调一下，分块化没有标准格式。基本原则就是，每个人根据自己的想法将多条信息总结为一组，然后重复练习，直到自己能够在不知不觉中把信息组合成块。

但是，很多人会觉得光是这么说让人云里雾里找不到一点儿头绪，所以在此我来介绍一些小窍门。如果你在分块时遇到了问题，可以从以下 3 点开始着手。

■ 1. 为信息排一个优先级

对于那些不知道该怎么总结信息的人，请先尝试此方法。

❶ 写下自己想记住的所有信息。

❷ 按照从 1 到 10 的等级给每个信息加上"优先级别"。

这是一种非常简单的技巧，但试着做一下会发现效果很好。在一项以学生为对象的实验中，一边提升英文单词的重要性一边记忆的这一组学生，即使在响着嘈杂的音乐难以集中注意力的环境中也能提高考试成绩。

之所以出现这种效果，是因为从"重要性"的角度重新组织了原本零散的信息，大脑将其判断为一个块。

"重要性"标准可以是考试中很容易出现的内容，或单纯地只是自己想要记住它的内容。无论如何，让随机的信息变得有秩序是非常重要的。

■ 2. 将多种解题方法作为一个集合

在数学等学科中，一个问题往往有多种解决方案，一定要学会将它们放在一起学习。如果习题书中有"解法一"或"解法二"之类的符号时，可以把它们都当作一个集合来记忆。

也许有些人会说，"这很浪费时间，只需要记住一个解决方案就足够了"。但是，如果我们没有预先记住多种解题方法的话，那么当我们遇到一个经过变化的题目时，原本的解题方法就不起作用了。这就好比玩石头剪刀布的时候，如果一方一直出拳头的话，另一方如果不出布就不会赢是同样的道理。

除了数学之外，这个想法也一样适用。

比如，在写英文作文的时候，可以将主动语态和被动语态等多种表达方式作为一个集合来记忆，在对"二战"的描述中，不仅要从同盟国的观点，也要从轴心国的观点来分析问题等。总之，务必设置多个解决方案。

一开始可能看起来很麻烦，但是随着块的堆积，记忆保存的速度也会越来越快，就会变得越来越轻松了。

■ 3. 用思维导图制作原始块

我们的大脑有这样一个特性，更容易记住我们自己想出的块。这是因为比起使用参考书和习题集中所总结的信息作为块，我们绞尽脑汁想出来的内容其主动学习的元素更强。

然而，即便如此，创建原始块仍然是一项艰巨的任务。为了创建出高度原创的块，发现不同信息之间的相似性的能力是必不可少的。

比如，在听了"关于投资，不被周围的环境所引导，自我控制的能力是很重要的"这样的话后，可能会展开这样的联想"但是赌一赌也没有什么坏处啊"，或者"打高尔夫的时候本想一杆进洞，结果一下子打到池塘里去的案例也很多"。对于那些看上去毫无关联的信息，必须有能够快速找出其中联系的想象力。

在这种时候可以使用思维导图。它原本就是连接多个想法以及扩展想法的工具，同时多项研究表明，思维导图还可以促进大脑中的分块。

模块化·3个要点

1 为信息加上优先级

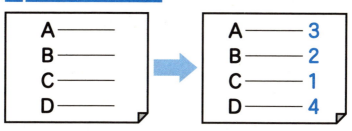

2 把多种解题方法做成一个集合

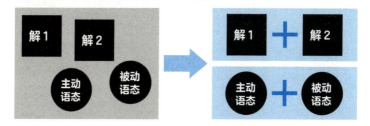

3 使用思维导图制作原始模块

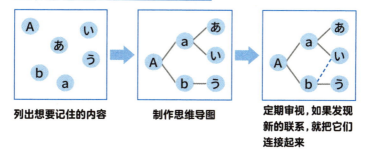

列出想要记住的内容　　　　制作思维导图　　　　定期审视，如果发现
　　　　　　　　　　　　　　　　　　　　　　　新的联系，就把它们
　　　　　　　　　　　　　　　　　　　　　　　连接起来

使用思维导图进行分块的步骤很简单。

① 把自己想记住的内容从最开始放入思维导图。

② 定期审视已完成的思维导图。

③ 如果看到可以连接的信息，把它们连接起来。

关于信息的联系，只要是你灵光一现突然想到的东西，都可以进行连接，组合在一起的内容并不重要。

例如，你可以将有历史相似点的问题联系起来，或者将"对数的思想与神经回路的形成非常相似"这种只有自己才明白的内容联系起来。

无论你如何连接它们，只要自己对这个连接感到满意，它就会作为一个块开始发挥作用。

要点

把信息作为"有意义的块"存入大脑。

习惯了分块之后，就能获得直觉。

重新组织语言

熟练使用"重新组织语言"的3个技巧

从本节开始，我们将研究一下熟练使用"主动学习"中的第二点"重新组织语言"所需要的技巧。简单回顾一下，"重新组织语言"是一种用自己的语言来重新描述难以理解的想法和术语，提高自己对所学知识的理解的技巧。

如果突然说"请你试着用你自己的语言重新描述一下"，此时可能会有很多人觉得很为难，但是请放心。幸运的是，通过许多研究已经开发出有效的解决方法。我来介绍一个典型的例子。

重新组织语言的技巧——自我解说

▼

重复地问自己"Why（为什么）""How（怎么样）"，并自问自答

第一种技术是"自我解说"。

这种技巧的重点是通过重复进行自问自答来加深自己对所学内容的理解。在完成基本学习之后，使用这个方法来进行复习非常有效。

最常见的"自我解说"步骤如下：

■ 1. 列出自己想学的内容

用一个简短的文章列出自己要记住的内容，简明扼要地表达每个主题，如"记住'二战'的流程""了解神经的机制"等。

■ 2. 用"Why（为什么）"和"How（怎么样）"进行提问

问自己一些关于每个所列主题的"原因（Why）"或"机制（How）"等问题。根据主题安排如何提问，如"为什么会发生第二次世界大战？（Why）""神经是如何传递信息？（How）"。

■ 3.确认测试

在一张纸上写下你在步骤 2 中提出的问题的答案，并检查它是否正确。例如，如果我们把这一技巧应用在"理解神经是如何工作"的这一主题上，会是什么样子的呢？

"神经元如何交换信息？（How），嗯，树突会接收来自其他神经元的信号，然后这些神经元信号会通过轴突……嗯？为什么信息会从轴突传递到其他树突？（Why）这不是直接的信号交换，而是突触之间的化学信号……"

这样，一边自己提问一边自己回答，如果在此期间出现了新的疑问，又可以提出新的问题。请一直进行到自己实在想不出该如何解释时再结束（当然，如果你想在适当的地方停下来也没关系）。

▼

用"自我解说"来克服 "我已经懂了"

"自我解说"之所以如此有效，是因为它打破了心理学上称为"流

自我解说·3个步骤

1 把想学的内容列出来

- 关于○○
- 关于×××
- 关于△△

2 用"Why（为什么）"和"How（怎么样）"对自己进行提问

○○为什么（Why）会发生呢？
XX是怎么（How）发生的呢？

3 把答案写出来进行确认测试

○○是···

检验

××是···

利度陷阱"的现象。

怎么都答不出参考书上的题目，翻开答案页的时候，你是否有过突然觉得自己什么都懂了的体验？

一看答案就觉得自己什么都明白了，有这种感觉也理所当然，实际上此时还没有想到解决方案，所看到的内容也没能成为有用的知识。

然而，很多人在这里有一种"我从一开始就知道"的错觉。因此，他们认为自己拥有比实际更高的能力，长此以往他们将永远无法真正地提高自己的能力。

这就是心理学上所说的"流利度陷阱"。我们的大脑往往偏向于认为看到答案后马上就能理解的问题已经完全掌握在我们的脑海之中了，我们已经没有必要再学习它了。

"自我解说"则可以保护你免受这个问题的困扰。

实际试一试就会明白，不管我们以为自己对某个主题理解得多么透彻，但是在用自己的语言进行解释的时候，会发现很多关键点都说不出来，这真是非常郁闷的。这种冲击纠正了自己对理解程度的判断，并提醒我们练习和复习的重要性。

所以，请定期进行"自我解说"以加强知识的薄弱环节。

用"元认知阅读"来理解难句

我前面所提到的"用 Why（为什么）和 How（怎么样）进行提问"主要是一种复习技巧。接下来，我们来介绍一下适合于各种学习的"自我解说"。

"元认知阅读"是美国鲍尔州立大学研究出来的一项技术。

它适用于各种模式，无论是刚开始学习的基础教科书，还是想挑战一本高难度的参考书时都可以使用。由于它对提高理解力特别有效，因此非常适合那些想要掌握复杂概念的人。

这项技术的重点是始终使用元认知进行学习。

元认知即"对思考进行思考"，是在客观地判断自己的想法和判断的能力时所使用的一种能力。如果我们不能使用元认知，甚至都不知道当前的问题是什么，那我们就只能在泥泞中挣扎，无法前进。

不善于学习的人，往往会有"我根本不知道自己什么地方不懂"的感觉，这就是典型的不会使用元认知的例子。如果你陷入了这种状态的话，无论怎么学习，都很难取得成效。

元认知阅读的 4 个步骤

那么，如何在学习时让元认知发挥作用呢？"元认知阅读"可以按以下步骤进行。

■ 第一步：预读

在选择了想要好好理解的参考书或书籍后，首先检查内容。查看书名、目录、章节标题、插图、图表等，以帮助自己大致了解书中所写的内容。

这还只是处于初步了解阶段，所以如果你想快速通读一遍也可以。你也可以只阅读每章的第一段和最后一段。在这一步当中，如果你能问自己以下问题，效果会大大提高：

● 我能从目录中想象出什么样的内容？

● 从章节的标题可以看出什么？

● 读过之后从每章的第一段和最后一段后知道了什么？

● 从图表和插图中能看出什么？

■ 第二步：速读

其次是速读。你无须仔细阅读，因为此步骤的目标是了解内容的基础知识。请按照以下几点进行并通读到底。

● 给第一眼看起来很重要的部分做上记号。

● 在做记号的部分，加入简单的笔记，说明为什么认为这里很重要。

- 挑出不认识的词，在空白处写下意思。

- 给通过速读无法理解的部分加上记号。

在这一步的实践过程中，定期问自己："这部分中最重要的一点是什么？""我明白书中所给出的结论了吗？""得出这个结论的前提是什么？"通过这样向自己提问，可以加深自己的理解。

■ 第三步：重读

在这个阶段，重读前面的内容并弄清楚"自己什么地方不清楚"，来加深自己的理解。请在阅读的同时注意以下几点：

- 通过注意"因此""总之"和"所以"等连词来寻找"结论"。

- 注意"为什么""像这样"和"因为"等连词，寻找"前提"。

- 一边再次检查在速读的步骤中自己不明白的部分，一边问自己："我对这篇文章的什么地方不理解呢？"

- 问自己以下 8 个问题：

"我确认过所有术语的意思了吗？"

"(每一章,每一段中)什么内容是自己最不理解的呢？"

"我如何解决或弄清楚我在课文中所感到的疑点或难点？"

"这本书中最有趣的一点是什么？"

"为了理解书中的难点，有没有不同的方法？（上网搜索，问朋友等）"

"我能对我学到的东西更感兴趣吗？"

"从这本书中学到的内容，即使不测试也应该记住的要点是什么？"

"我从这本书中学到了哪些知识可以对自己的未来或远大目标有帮助？"

■ 第四步：再次重读

最后，再次检查本书的内容。在这一步中，以达到"可以用自己的话向朋友解释本书结论"的程度为目标，继续读这本书。

要记住的要点如下：

● 更正或添加步骤二中所画出的重点。

● 尽量用图表和插图的方式概括文章的重点。

● 如果有新发现，一定要记下来。

● 问问自己："我能轻松地向别人解释本书所讲的内容吗？"并将内容写在笔记本上。

以上就是"元认知阅读"的全部内容。

想要把每一步都掌握得很好是一项艰巨的任务，所以在没有时间的情况下，请专注于第三步"加深理解的提问"和第四步"写一个足以向别人解释清楚的摘要"。如果能做到这些，就可以显著提高你的理解力。

看到这里，可能会有一些人觉得很奇怪："你不是在第一章说过'总结是没有意义'的吗，为什么又在这里推荐'总结'呢？"

你这样质疑也非常有道理，不过我所批评的"总结"指的是那种将自己首次阅读的书用一些文字拼凑在一起的方式。正如我已经解释过的，总结是一项需要花费超乎想象脑力的任务。即便我们尝试从

元认知阅读·4个步骤

步骤 1　预读

选择一本自己想要了解的参考书或书籍,对内容进行初步了解。

检查书名、目录、章节标题、插图、图表等,以快速了解书中所写内容。

步骤 2　速读

快速阅读。无须仔细阅读,请按以下几点通读到最后即可。
- 给第一眼看起来很重要的部分做上记号。
- 在做记号的部分,加入简单的笔记,说明为什么认为这里很重要。
- 挑出不认识的词,在空白处写下意思。
- 给通过速读无法理解的部分加上记号。

步骤 3　重读

重读,同时注意以下几点,并弄清楚"自己到底什么地方不明白"。
- 通过注意"因此""总之"和"所以"等连词来寻找"结论"。
- 注意"为什么""像这样"和"因为"等连词,寻找"前提"。
- 一边再次检查在速读的步骤中自己不明白的部分,一边问自己:"我对这篇文章的什么地方不理解呢?"
- 问自己8个问题,例如,"我确认过所有术语的意思了吗?""我最不能理解的是哪里"。

步骤 4　再次重读

按照以下几点再次检查该书的内容。争取达到一个可以用自己的语言向朋友解释本书结论的水平。
- 更正或添加步骤2中所画出的重点。
- 尽量用图表和插图的方式概括文章的重点。
- 如果有新发现,一定要记下来。
- 问问自己:"我能轻松地向别人解释本书所讲的内容吗?"并将内容写在笔记本上。

第一次阅读的内容中提取要点，也是不会起多大作用的。

然而，在元认知阅读中，通过一个一个的步骤可以帮助我们彻底加深理解水平。

我到底什么地方不懂？我应该怎么做才能对我不理解的东西产生兴趣？哪些信息可以在未来也能使用到？

只有经过深思熟虑做出的总结才有意义，请一定要注意这一点。

要点

在不断问自己"Why 和 How 的自问自答"中加深思考。

用"元认知阅读"来进行"主动性的学习"。问问自己"我从这本书中学到了哪些知识可以对自己的未来或远大目标有帮助"。

!⑨ 重新组织语言的技巧二
传授技巧

▼

试着向他人说明自己所学的内容

━━━

第二种对重新组织语言有作用的技巧是"传授技巧"。简而言之，这是一种向他人解释你所学到的东西的方式。

其效果之好在心理学界也得到了相当高的评价，自 20 世纪 80 年代法国的让－波尔·马丁博士提出以来，在许多的实验中都证实了该技巧可以提高学习能力的优点。

传授技巧的作用直观上也很容易理解。想要向他人说清楚一件事，首先自己要很好地理解内容，正因为有了这种必须把正确的内容传达给对方的压力，所以更能激发我们学习的动力。

我经常被人称赞"很善于说明"，也是得益于这种传授技巧。

其实，很久以前我并不擅长说明。因为我原本是个只学习物理的理科生，所以我有一种强烈的感觉，那就是不明白的东西要自己多思考，也没有向别人解释的欲望。

然而，自从上电视的次数开始增加以后，情况发生了变化。

谢天谢地，一开始还感觉良好，但是在收到大量采访请求之后，特别是接受对心理学不感兴趣的记者的采访数量开始急剧增加后，如果我使用专业术语向他们解释的话，他们会云里雾里完全听不懂，我还要花很多时间来纠正他们采访稿中的错误。

"我怎样才能让一个对心理学不感兴趣的记者听懂我所说的话呢？"

处于这种为难境地之中的我，开始尝试着用自己的语言来解释难懂的专业术语，并在采访中进行了多次尝试。

这样做的效果非常好，不仅报道文章中的错误减少了，知识在大脑中的记忆保存也比以前更快了，现在很容易就能记住一本书的信息。向别人解释并不是在浪费时间，而是帮助自己提高自我能力的行为。

这样做既会得到别人的感谢，对自己也非常有好处，可以说是一箭双雕之术。

以教为目的的学习法

"就算我想去教别人，但是我也不能马上找到这样的人啊……"

如果你这么想的话，请不要担心。即使你不能真正地去教授别人，只要带着教他人的目的去学习，也能得到效果。

2014 年，华盛顿大学将学生们分成两组进行实验。

1 组：一边想着"之后会有考试"一边学习。

2 组：一边想着"之后我必须将自己所学的教给其他学生"一边学习。

随后，对两组都进行了确认测试，结果超乎想象。

一边想着"我要教其他学生"一边学习的那组正确地回忆起所学内容的概率高出了 28%，而且内容越重要，记得越牢。

仅仅通过改变思维方式就产生了如此大的差别，是因为自己带着要"教"别人的责任，因此学习的态度也变得更加积极起来。

为了能更好地向别人解释，我们必须在自己的大脑中把要点总结出来。因此，当我们想着我必须教别人某些东西时，我们会本能地开始寻找和组织问题的要点。这种学习态度自然而然地转变为了主动学习。

这种技术可以在任何情况下使用，无论是预习还是复习。一直能够带着"我怎样才能向我的朋友解释这个解决方案呢"这样的想法去学习是一个好主意。

橡皮鸭学习方法

接下来我们来讨论一下把自己所学的内容实际地用语言表达出来的学习方法。

但是，我们也不必特意邀请朋友来听自己讲课。我们所选择的讲课对象可以不必是人。

"橡皮鸭学习法"就是把洗澡时放在浴缸中玩耍的黄色鸭子玩具当成授课对象，向它说明自己学到的东西的一种技巧。最初，它是一种在程序员的世界里广为使用的、调试程序 BUG（修复缺陷）的技术。

其做法也很简单，就是指着电脑屏幕上的程序对摆在显示器前的橡皮鸭子玩具逐行进行解释，比如，"这段代码是这个意思……"

这幅画面从外人的角度来看可能比较奇怪，但其效果极其明显。当你向橡皮鸭子解释时，你自己的头脑会变得井井有条，更容易为复杂的问题想出解决方案。

"橡皮鸭学习法"的基本原理是一样的，向玩具鸭子解释自己要记住的东西，比如，"在表示时间和条件的状语从句中，表达将来会发生什么事时用现在时……"不要看笔记和教科书，一边回忆自己学过的东西一边进行解释即可。

解释说明的对象不是橡皮鸭子玩具也没关系，这并不重要。你可以讲给你的宠物听，也可以对着显示器上显示的动漫角色进行说明。

选择自己喜欢的对象即可。

有些人可能会怀疑这样做的效果，但在新加坡国立大学的一项实验中，对着一张陌生人的照片解释他们所学内容的一组，对复杂概念有更好的理解，并在一周后的考试中取得了良好的成绩。尝试一下吧，就当上一回当而已，反正也没什么损失。

▼

10 岁儿童教授法

我经常把"10 岁儿童教学法"作为"以教为目的学习法"的变体来使用。顾名思义，它是这样一种技巧，即试着思考"我该怎么把这个问题讲给一个 10 岁的孩子呢"。我在阅读较难的书时一直都在使用这个技巧。

例如，如果你想了解消费税，你可以尽可能详细地解释它，比如，"这是我们买东西时需要付给国家的钱。实际上这个东西对有钱人来说更合算，为什么这么说呢……"

当你真正尝试使用这个技巧的时候，你会发现要以通俗易懂的方式向一个 10 岁的孩子解释它比自己想象的要难得多。所有的专业用语都需要进行转换，必须时刻记住一定要用简单的表达方式。

但是，效果非常显著，即使很难理解的问题，其要点也会很快地浮现在自己的脑海中。你也不必真正地向孩子解释，重要的是时刻想着"有没有更简单的解释方法"就可以了。

顺便说一下，通俗易懂的解释有两个要点。

❶ 使用比喻的方法来表达。

❷ 借助他人知道的知识。

简而言之，比喻的表达就是"打比方"。比如，"氧化反应就像电子互相扔球一样""电流的流动就像河流在流动一样"等，将复杂的内容比喻成贴近生活的日常现象。

比喻的力量非常强大，可以帮助我们突然理解复杂的概念。 这是由于通过比喻把抽象的事物具体化了，这和使用一张简单的地图可以让你在困难的道路上获得更好的视野是同一个道理（当然，这也是一个比喻）。

第二种方法是使用对方肯定知道的知识。

如果当你面对一个 10 岁的女孩时，可以试着引用流行动漫来进行解释"假设它是光之美少女……"反之，如果面对一个年长者时，可以试着这样说"这接近于长岛教练还是现役选手时在一场御前比赛中击出的本垒打"，这些都是比较有代表性的例子。以对方所熟悉的知识为例来进行解释，对方的理解程度会大大提高。

如果我们无法掌握对方所熟知的知识时，使用新闻中所提及的当今热门话题也是不错的主意。想要做出通俗易懂的解释，一定要牢记以上两点。

教授·4个技巧

试着把学过的内容解释给别人听

以教为目的的学习法

橡皮鸭学习法

10岁儿童教授法

小组游戏

"小组游戏"是一种与亲密朋友互相教导的方法。你可以和一个好朋友来进行，不过如果在一个小组中进行的话效果会更好。

具体请按照以下方法进行：

① 设定一个恰当的学习时间（2 到 3 天为最佳）。

② 从你最喜欢的参考书中确定与你的朋友互相教授的范围，并各自单独学习。

③ 当实际教授的一天到来时，为所有参与者分配一个数字（如果有 5 个参与者，就用 1~5 这几个数字给所有参与者编号）。

④ 从学过的参考书中随机选择一个问题。

⑤ 掷骰子，由与骰子上数字相同编号的人来解释问题（如果掷出 2，那就由第二个人来解释）。

例如，如果使用数学的蓝色图表的话，首先，由大家一起决定"在 3 天以后彼此教授第 4 章'数据分析'的内容，到活动开始日为止"学习整章的内容。

然后，当实际的日子到来时，首先决定各自的编号，比如，"你是第二号"，然后从蓝色图表的第 4 章中随机抽取问题。最后开始掷骰子，如果得到 2，则由编号为 2 的人向其他成员解释所选问题。如果能解释得非常清楚，则本轮游戏结束。

使用这种方法自然会增加学习的压力和紧张感，因为它会让人产生"我必须记住整个范围"的意识。

同时，你会带着"如果出现这样的问题该怎么解答呢？"或者"通常什么地方比较容易提出问题呢？"等这样的想法开始学习，因此主动学习的效果会大大得以提高。

如果有机会的话，一定要尝试一下这种学习小组的方式。

要点

用"打算教给别人"的心态来学习可以帮助我们更好地记忆学过的内容。

如果我们的解释足以让孩子也能理解，我们的理解能力也会提高。

小组游戏实践法

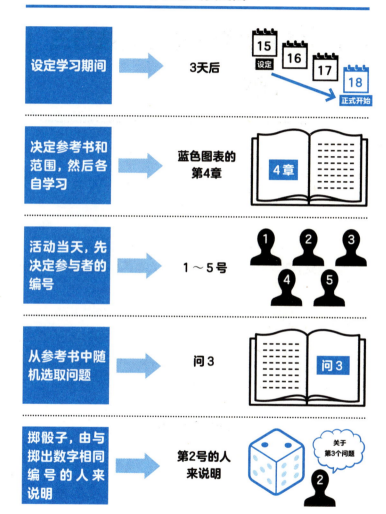

设定学习期间	3天后	
决定参考书和范围，然后各自学习	蓝色图表的第4章	
活动当天，先决定参与者的编号	1～5号	
从参考书中随机选取问题	问3	
掷骰子，由与掷出数字相同编号的人来说明	第2号的人来说明	

❗ 重新组织语言的技巧三

映像

最后，让我们一起学习一下"映像"。这是一种通过在脑海中设想某种场景来促进学习效果的技巧的总称，它还具有促进对难题的理解的功能。

让我们来看看一些在实验中被证实有效的技巧。

▼

映像讨论

—

这是一种在脑海中想象"虚构讨论"的学习方法。

2017 年，哥伦比亚大学对 60 名志愿者进行了一项稍微不同寻常的实验。实验中给了大家一个关于"虚构的市长选举"的场景，先让他们大致了解两位候选人的参选声明，然后让他们写一篇文章来支持自己喜欢的候选人。

随后，研究团队将研究对象分成两组。

❶ 一边想象着两位候选人如何在电视辩论节目中进行讨论的场景，一边写文章。

❷ 阅读两位候选人的参选声明和数据后写一篇文章。

仅从这个安排来看的话，阅读声明和数据然后撰写文章的小组似乎应该表现更佳。

结果却恰恰相反。分析了大家写完的文章后可以看出，脑海中想象着辩论场景的一组所提出的解决方案更好，对敌对阵营的批判意见也很有说服力。

要想写出好文章，我们需要理解复杂的问题，就像进行城市规划时需要考虑的问题一样。换句话说，设想虚拟讨论的小组加深了他们对困难问题的理解，并能够做出全面的判断和决策。

获得这种效果是因为虚构的讨论促进了客观观点的形成。

当我们在解决一个难题时，我们的意识不可避免地会陷入对细节的过分关注，最终导致我们无法灵活地进行思考。如果你平时在解决二次函数问题的时候，只能想到一种使用完全平方的方法来解决，甚至都没有考虑过微分的可能性，那么你极有可能会沉迷于类似的陷阱。

映像讨论

在脑海里想象一下两位候选人进行讨论的场景，然后写一篇文章。

GOOD!!

阅读两位候选人的参选声明和数据，然后写一篇文章。

BAD...

但是，**如果你在这里设想一个虚构的讨论，你会觉得自己是在退后一步，以旁观者的角度来看待这个问题。摆在自己面前的问题已经变成了"别人的事"，自己心里就会产生一些回旋的余地，给了自己更多的思考空间。**

当头脑中的紧张情绪得到释放时，思维自然会恢复灵活性。结果，对问题的理解能力自然也就提高了。

如果你想使用此项技巧进行学习，请想象一下下面的讨论。

● 设想自己正在与一个想象中的伙伴讨论关于数学中有多个解决方案的问题，"到底哪个解决方案更聪明"。

● 想象一下正、反双方关于英国在大萧条时期的整体经济的辩论（讨论）。

无论哪种情况，都没有必要太在意对主题得出结论，只是在脑海中进行讨论就会得到效果。

▼

所罗门映像

所罗门王，《旧约》中的智者，被描绘成一个拥有超人智慧却在私生活中经常失败的人。尽管他是一个聪明人，但他在个人问题上却没有持有客观的眼光，因此犯了很多的错误。

站在他人的视角看问题

如果换成他的话，
会怎么想呢？

"所罗门映像"是基于这个故事所设计的一种技巧。方法也很简单：

● **试想，"如果一个亲密的朋友正在解决同样的问题，他会怎么想，会用什么方式解决呢"。**

根据一项研究，通过这样做可以使实验对象加深对问题的理解能力并能提高做出综合决策的能力。可以说这是一种非常简单易行的方法。

客观的观点与这种效果有很大关系。

通过换位思考："我的朋友会怎么想怎么做呢？"使摆在自己面前的问题变成别人的事，正所谓退一步海阔天空，这样做可以为自己创造思考的余地，最终提高理解水平。如果觉得前面所提到的"映像讨论"很麻烦，你不妨试试这个技巧。

▼

个性化朗读

———

　　"个性化朗读"是一种提高英语理解和口语能力的方法。它是一种通过"把自己当作所阅读的英语文章的主角"来加深对难句理解的技巧。

　　例如，假设你正在阅读以下英文句子。

In 1974 Diana went on to her mother's old school, where her sisters were also students there. By then, their mother wasn't living London, but in Scotland. She was kind to Diana although they lived separately. She and her new husband, Peter had a large farm on an island. Diana was looking forward to visiting it and had some lovely holidays there.

　　如果用"个性化朗读"方式的话，请将句子的一部分更改如下并大声朗读出来。

In 1974 I went on to my mother's old school, where my sisters were also students there. By then, our mother wasn't living in London, but in Scotland. She was kind to me although we lived separately She and her new husband, Peter had a large farm on an island. I was looking forward to visiting it and had some lovely holidays there.

　　如你所见，我们已将文本中的所有"戴安娜"替换为代表"第一人称"的表达方式，例如，"我，我的，我们"等。也就是说，我们把这段文本个性化成与自己相关的内容了。

这是一种具有强烈神秘感的技巧，实际上，在科学的角度已经给予了这项技巧一定的认可。

例如，根据兵库大学进行的一项实验显示，每天练习"个性化朗读"15 分钟的学生对语法和内容的理解比正常朗读的学生高出近10%。

所谓个性化朗读

Diana············
·········Diana
She············

转换

I············
·····Me
I············

哎呀 好难啊

有种豁然开朗的感觉！

"个性化朗读"之所以有效，是因为将文本的主角转换为"我"，这样更容易让图像出现在大脑中。

如果你把它翻译成你自己的故事，而不是读你不认识的"戴安娜"

的故事，肯定会更容易理解。由于你可以轻松地为自己创建图像，因此你的理解将得到改善，你的记忆将变得更加牢固。

虽然数学和物理等学科很难个性化，但除了英语之外，它还可以轻松地应用于世界历史和古文等文科科目。如果你发现一篇文章难以理解，那么就试着想一想"我能把主语换成我自己吗"。

要点

当运用映像的力量时，大脑的作用就会被激活。

将主语替换为自己，并将其作为"自己的故事"来学习。

在看到了本章所传达的诸多学习方法之后，可能有人会对这里的大量信息感到困惑。即使你现在还不清楚自己将来应该使用哪种学习方法来学习最为合适，也请不要惊慌。

正如我多次提到的，科学学习中唯一真正重要的一点就是"主动学习"。只要你找到一种可以让自己积极主动学习的方法，任何方法都会开始变得有意义。

换句话说，最大的窍门就是要多下功夫。

"我怎样才能更容易地记住它？"

"我怎样才能更有趣地记住它？"

因此，只要你能够不断地思考更容易学习的方法，它就会自动变成主动学习。只要牢记这一点，你就可以使用任何方法，就像我曾经把参考书拆得支离破碎一样。

让所有的学习都成为主动学习吧！

提高学习效果："学习前"7项技巧

导读

想要有好的结果，请多花时间准备

简介：想要有好的结果，请多花时间准备

在上一章中，我们介绍了一些与结果直接相关的"高效学习法"。

但是，为了能够大大提高自己的学习成果，还要必须满足"某些条件"。

虽然好好使用第2章中所讲的主动学习技巧就能起到很大的作用，但有没有满足这个条件，其结果仍会大不相同。注意力和记忆力将会产生至少两倍的差异，无论你的时间多么少，你都将能够最大限度地提高学习效率。

说了这么多，你认为这是一个什么样的条件？

答案就是"学习前的准备"。

一提到学习，大家都把注意力集中在手头的问题上，比如，"如何高效地解决问题""如何更好地组织信息"，但是很少有人把注意力放在开始学习之前要做的准备阶段上。

这是彻底错误的。如果你在学习前没有认真准备的话，即便采取了主动学习的方式也不会发挥出最大的效果。

你身边有没有这样的人，明明看上去没怎么努力学习，成绩却一直很好？这些人往往不仅熟悉高效的学习方法，还会在准备阶段花相当多的时间。

真正的学习从准备阶段就已经开始了。让我们看看科学正确的"准备原则"吧。

准备技巧一
要有超越自我的目标

▼

与普通学生相比，
学习时间增加了 1 倍

超越自我的目标是超越自己身量的远大目标或目的。诸如"我想找到一份好工作""我想赚钱"之类的目标只是满足自己欲望的小目标。

换个角度，如果你想找到一份工作来拯救弱势群体，或者赚钱改变不公平的社会

制度，那就是一个超越自我的目标。

得克萨斯大学曾经做过这样的实验。

首先，让参加实验的高中生"思考当今社会的问题"，然后让他们思考如何利用在学校中学到的知识来解决这些问题。

对此，一名学生回答说："如果学习遗传学的话，应该可以通过重组农作物的基因来帮助增加产量。"另一名学生说："要想深入了解世界上存在的问题，首先需要学习一些公民这样的社会制度基础知识。"

后来，当我们对这些学生的行为进行调查时发现他们的行为有了很大的改变。带着"超越自我目标"思考的那一组学生在智能手机上玩游戏的时间减少了，而学习数学和科学的时间增加了2倍之多。按照这样的进程发展，他们的成绩肯定比正常学习的学生更好。

实验中进行的"超越自我的目标"练习只不过50分钟左右的时间。仅仅如此就能提高成绩，实在让人感到惊讶。

▼

通过超越自我的目标
使动机发生了质的改变

"超越自我的目标"延长了学习时间，因为动机发生了质的改变。

自古以来，在心理学界就已经证实这一现象，"如果给勤奋的员工发奖金，反而会降低生产力"。在拿到奖金之前，员工享受着自我成长和实现自我目标的过程，但是当拿到钱以后，其目的就转向了钱，这让员工的工作变得没那么有成就感、不那么充实。

学习也是一样，如果你对一个单纯喜欢学习新知识的孩子说："你好好学习的话，我给你更多的零花钱。"一开始他可能会很努力，但是慢慢地，他的动力会逐渐降低，最终会变得开始讨厌学习。

然而，如果我们试着开始用"超越自我的目标"思考时，动机的本质会朝着好的方向发展。这是因为它给人一种"学习这些知识可能对其他人有用"的感觉，从而为学习赋予巨大的意义。

为了能带着"超越自我的目标"学习，请在学习之前先思考一下。

❶ 有没有办法可以让世界变得更美好？

❷ 目前为止所学到的知识如何帮助自己做到这一点？

虽然你已考虑诸如"如何让世界变得和平"之类的大问题，但如果觉得这个太难了，可以试着考虑一下和我们的生活息息相关的问题。

比如，"如果政府办公室少浪费点纸张的话，很多人会感到高兴吧""有没有办法解决电车拥挤问题""现在乱扔垃圾的现象很严重啊"等，可以试着从这些小问题开始考虑一下稍微可以让世界变得更好的办法。

如果你还是什么都想不出来的话，那么更简单地考虑一下"自己

超越自我的目标

动力提升！！

首先可以从小一点的事情开始思考也没关系，想一些可以让世界变好一点的方法。在什么都想不到的时候，可以这样思考……

尝试与自己的"价值观"进行对话

的价值观"也是个不错的主意。例如，在学习之前问自己这样的问题：

● **对我来说最重要的是什么？**

"重要的事"的内容可以是人，也可以是事物。有些人会选择朋友和家人，而有些人会选择"自由生活"的信念。只要是自己真正在乎的人和事，都可以选择。

虽然这不是社会问题那样的大课题，但也是一种很不错的超越自我的目标。思考对自己来说什么是重要的，可以帮助自己的意识达成比自己能够做到的更远大的目标，这同样会像思考世界的问题一样激励你。

无论如何，最重要的一点是要思考"超越自我的巨大价值"。因为在学习前思考 10 分钟左右就足够了，所以请一定尝试一下。

准备技巧二
写出自己已知的内容

▼

不要写自己应该记住的东西

　　学习新知识是一件非常有趣的事，也是一件很困难的事。

　　谁都曾经有过这样的心碎经历，打开一本从未接触过的领域的书，完全不知道书中所写的都是什么。因为书中所写的都是自己不知道的东西，自然

你所知道的事情

会产生反感厌倦的心理。

在这种情况下，我希望你尝试一下"事先写下自己已经知道的内容"这一技巧。这是哈佛大学已确认有效的技术，具体请按以下步骤完成：

❶ 想想"看上去似乎与自己的学习内容有关的、自己已经知道的知识是什么"。
❷ 写下你能想到的所有内容。

很多人会在学习之前把"想要记住的知识"写下来，但说实话，真正有效的方法恰恰相反。回忆"头脑中已经存在的知识"可以更容易地理解新信息并提高记忆在大脑中的保留率。

例如，假设你想重新了解电力的工作原理。此时如果没有任何准备就开始阅读一本描述"弗莱明左手法则是……"的教科书，它很难被装入大脑之中。

相反，在学习之前你可以试着想想"我对电了解多少？"

● 电池就像是把电封存在里面一样……
● 冬天一碰门把手，就会被静电电到……
● 闪电是一种电力从天而降的现象……

如果你在对电进行了多方面思考之后，再次打开参考书会发生什么？一下子就变得容易理解了，因为你可以这样想，"因为物体里面会储存电荷，这就是门把手会产生静电的原因。闪电是大气中积累的电荷所产生的静电"等。

▼

新知识顺利地进入了自己的脑海

　　原本人类的大脑就有这样一种记忆机制，即让新知识与旧知识互相联系起来进行记忆。如果把我们已经掌握的信息比喻成一棵树的树干，那么学习就是从树干上长出新的枝叶，不断壮大的过程。

　　如果新学到的知识与旧信息分离时，我们的大脑不会产生太大的反应。 当你已经知道的知识"静电积聚在门把手中"与"电荷储存在诱导体中"等新信息互相连接的那一刻起，人类的记忆才开始发挥作用。

　　我总是有意识地让新旧知识之间发生关联。

　　阅读新书时，首先检查目录、参考文献、作者传记、图表等。如果是一本关于"如何变得更聪明"的书，我会努力回想看似与这本书内容有关的知识，比如，"这本书大概写了关于大脑发育的信息，比如，运动和脑神经的关系……"或者"对了，前几天我读了一篇研究大脑训练效果的论文……"

　　人类的大脑真的很有趣，仅仅通过花这么点儿功夫，就可以把一本原本毫无头绪完全不同领域的书轻松地放入自己的脑海中。 没有必要回忆起所有的相关知识，带着做一下头脑准备练习的感觉来试一试就可以了。

准备技巧三
激发自己的好奇心

▼

人脸照片与记忆的关系

现在我们来介绍一种可以轻松使你的记忆力翻倍的技巧。

2014 年，加州大学进行了一项有趣的实验。研究小组指导实验对象记住"他们第一次看到的人脸照片"，然后将他们分为两组。

❶ 像平常一样边看照片边记忆。

❷ 先做个"小知识问答"，在给出答案前的 14 秒时间内记住人脸。

照片

所谓的小知识问答是基于生活琐事的问答。在这个实验中所选用的问题都是些想都不用想就可以随口回答的问题，如"小香肠和腊肠什么区别？""世界上最长的站名是什么？"等。

之后进行记忆测试，进行过小知识问答小组的表现是按照通常方法记忆人脸照片的实验对象的两倍。记忆力的提升在第二天的再次测试中也得到了证实，很显然小知识问答的效果并没有在那一瞬间之后就消失了。

▼

好奇心可以提高记忆力

之所以通过小知识问答能够提高记忆力，是与好奇心有很大关系的。下面我来详细解释一下。

接触感兴趣的东西会引起我们的好奇心，并激活我们大脑中称为奖励系统的区域。奖励系统控制着人的动力，这项机能越积极，我们的动力就越大。

更重要的是大脑的奖励系统与海马体相邻。大脑的每个元素都容易受到附近区域活动的影响，因此如果奖励系统开始剧烈地活动起来的话，海马体也会同时变得活跃。

刺激奖励系统

接触感兴趣的东西会激活大脑中的奖励系统，刺激海马体，提高记忆力。

海马体是一个在人类记忆中起重要作用的区域，因此如果我们四处转转，做个小知识测验等，会让我们的记忆力翻倍。

即使你不了解大脑的机制也没关系，总之，就是越感兴趣就越容易记住，这样在直观上也应该比较容易理解吧。比如，有的人虽然对中国历史没什么兴趣，但是由于看了历史漫画，所以对秦代历史有了很详细的了解，这也是个很有趣的现象。

反之亦然，人类不太擅长记住不感兴趣的事情。

虽然经常有人对我说："你的记忆力可真好啊！"但是我完全记不起任何我不感兴趣的事情。我拒绝偶尔拍戏，也是因为我完全记不住剧本，因为我对演员的工作不感兴趣。

▼

诀窍是选择可以长期保持好奇心的东西

先前所提到的研究的有趣之处在于，好奇心可以帮助我们更容易地获取我们原本不感兴趣的信息，并记忆在大脑之中。当被告知"请记住一张陌生人的照片"时，很少有人会感到好奇。

即使我们对眼前的学习不感兴趣，但在此之前的时间里，接触一些能够激发自己好奇心的东西就足够了。单凭这一点，枯燥的学习应该就会比以前进展得更顺利。

学习之前接触的只要是自己感兴趣的即可，内容是什么并不重要。可以是游戏，也可以是漫画，只要能够花 5 分钟左右接触一些可以让自己的大脑感到快乐的东西，就可以收获提高记忆力的好处。

但是，如果你想让这项技巧更加有效，请选择"可以持久保持好奇心的事物"。

例如，即使是玩智能手机游戏，大脑的奖励系统也会被激活，但它的作用非常短暂。当你通关之后，或者已经找到了自己想要的装备，其作用立刻就会降低。这样会降低对海马体的影响，提高记忆力的效果也会相应减弱。

为了能够长期保持好奇心，关键是要选择那些具有"神秘"元素的东西。

它可以是实验中使用的那种小知识问答，也可以是一部一直在寻找未解决案件真相的悬疑小说。你的心会被那些让自己想知道答案的信息强烈吸引。因为人的大脑有一个想要填补知识空白的基本欲望。

因此，如果你在学习之前阅读漫画，最好选择一部不知道后面会如何发展下去的复杂作品，而不是一个故事已经完结的完整作品，如果是游戏，益智类游戏则比射击类游戏更容易让人保持好奇心。

要点

下功夫激发"好奇心"可以改善大脑的功能。

让我们在日常学习中加入一个"神秘"的元素。

准备技巧四
正确运用音乐的力量

▼

BGM（背景音乐）
只不过是学习的干扰

学习时听音乐是一种很常见的做法。许多人觉得不听自己喜欢的音乐就无法学习。

遗憾的是，这在科学上是错误的方法。

学习时的背景音乐非但不会提高效率，反而会成为学习的干扰。

在格拉斯哥卡利多尼亚大学的一项实验中，实验对象被指示进入4个不同的房间。

❶ 播放快节奏背景音乐的房间。

❷ 播放舒缓背景音乐的房间。

❸ 有环境声音的房间（说话声音、汽车发动机声音等）。

❹ 完全安静的房间。

当对所有受试者进行认知测试时，发现在听背景音乐时回答问题的实验对象的成绩显著下降了。节奏越快，大脑就越迟钝，只有在完全安静的房间中的答题一组没有出现能力下降的现象。

背景音乐会降低大脑功能的现象在其他实验中也得到证实，无论什么样的音乐都对学习有不利影响。**不管你有多么喜欢听音乐，最好还是选择在安静的环境中学习，因为音乐会导致成绩下降。**

▼

背景音乐对大脑来说负担太重

━━━

这种现象在专业上被称为"无关声音效应"。

当你听到一个与面前的工作无关的声音时，你的大脑就会不自

觉地被它吸引，并开始进入努力理解其旋律和节奏的模式。这时候大脑要同时处理两种信息，由于增加了太多的负担，从而导致学习能力下降。

阅读也是如此，书里的信息和音乐里的信息相互碰撞，会导致理解程度降低。带歌词的歌曲影响力特别大，因为大脑无法同时处理旋律、歌词和书籍内容三要素，进一步降低了大脑的工作效率。

背景音乐会成为大脑的负担

大脑必须处理两种信息，因此工作效率会降低。

因此阅读的时候也请不要使用背景音乐。

即便如此，你可能不会立即被说服。

想必很多人都有过"边听音乐边学习"的经历。明明实验已经给出了完全相反的结果，为什么大家还是要使用背景音乐呢？

答案很简单，因为音乐可以改善自己的心情。

当你听自己最喜欢的歌曲时，大脑中的多巴胺和肾上腺素等物质会增加。两者都是大脑中与人类动力和活力有关的激素，它们会立即提高我们的紧张感，并将我们的情绪转变为积极的情绪。

但是，在这个阶段，其作用不过是让自己的心情变好了而已。大脑机能并没有得到提高，只是由于自己处于比较积极的情绪之中，因此误以为自己的学习效率提高了。

▼

用音乐提高学习效率的
最佳方式是什么？

━━

背景音乐可以说是学习的大敌。使用音乐提高学习效率的方法只有一种，那就是英国威尔士大学设计的一种"音乐热身技巧"。

❶ 学习前 10 分钟听自己最喜欢的音乐。

❷ 停止播放音乐，开始学习。

❸ 在学习休息时继续听自己喜欢的音乐。

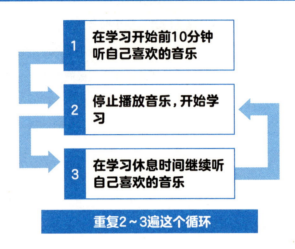

音乐热身技巧

1	在学习开始前10分钟听自己喜欢的音乐
2	停止播放音乐，开始学习
3	在学习休息时间继续听自己喜欢的音乐

重复2～3遍这个循环

重复地用这种方式学习，你就可以最大限度地发挥音乐的好处。在学习之前听自己最喜欢的音乐让自己感觉很积极，可以在保持这种势头的同时进行工作学习。

在得知这个事实后，我也完全摒弃了工作时播放背景音乐的习惯，而是改为在工作开始之前听自己最喜欢的音乐。在阅读或学习时，我会戴上高性能降噪耳机并在完全隔绝环境声音的环境下工作和学习。

没有了背景音乐，一开始可能会觉得少了点儿什么。但是，一旦你习惯了以后，你的专注力肯定会提高。你可以使用耳塞等，尽可能地去除干扰自己学习的环境噪声。

▼

只有自然的声音才能
提高大脑的注意力

━━━

我刚刚提到过，听"环境声音"会降低大脑的性能。由于人脑对噪声很敏感，即使是轻微的声音或汽车发动机的声音也很容易分散你的注意力。

但这里有一个很大的例外。诸如风声和鸟叫声等"自然的声音"可以提高人类的注意力。

在一项研究自然声音效果的实验中，听了大约 5 分钟的小溪流水声和蟋蟀叫声的实验对象立即产生了放松反应，并且集中力测试的成绩也提高了。对于每天压力较大的人来说，这个效果会更好，所以如果你在学习前感到紧张焦虑时，可以试试播放自然的声音来让自己放松下来，提高注意力。

自然声音的特点在于可以帮助人类保持良好的注意力。

如果我们的大脑过于放松，我们就会分心，无法保持注意力，相反地，如果我们过于兴奋、专注，我们的视野就会变窄。在这方面，自然声音似乎可以同时作用于人体的放松和兴奋系统，并具有适当调节两者平衡的作用。

如今，许多用于聆听自然声音的应用程序都是免费提供的。你可以下载一个合适的程序到自己的智能手机上，这样你就可以在学习时播放它。

不要边听音乐边学习。

创造一个"完全安静"或"有自然声音"的学习环境。

114

准备技巧五
战略性的资源利用法

▼

最大限度地发挥你
学习潜力的 7 个步骤

　　有这么一部分人，明明能力并不差，但是考试成绩总是不怎么好。尽管可以立即理解参考书的内容，但是不知为什么就是考不出好成绩。

　　这种类型的人最大的可能就是在学习的准备阶段犯了错。只需稍微改善一下学习前

准备OK！

所谓战略性的资源法

资 源 = 资产·资源

所谓战略性的资源，就是指所有对解决问题有帮助的方法、数据、人才等。

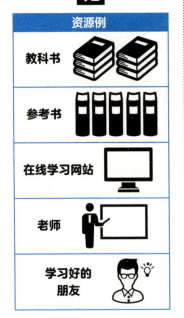

的准备时间，就可以实现大幅提升。

"战略性的资源利用法"是斯坦福大学为那些无法展示自己能力的人开发的一项技术。此处的术语"资源"指的是如下内容：

● 对于学生来说……课本、参考书、在线学习网站、老师、学习好的朋友。

● 对于商务人士来说……资料、数据、老板、与工作有关的人脉、商务书籍。

大致地说，任何可能有助于解决问题的手段、数据或关系都可以被视为"资源"。**"战略性的资源利用法"就是仔细考虑应该使用哪些资源，并提前决定如何详细地使用它们。**

如果这么说的话，有些人可能会觉得"马上开始学习不是更好吗？"本来时间就很紧张了，没有必要再详细考虑怎么使用每本参考书了，有这样的想法也很正常。

但是，请抛开这个想法。

诸位，当你去一个首次前往的国家旅行时你会采取什么样的行动呢？

应该不会有人会不假思索地跳上飞机，带着走到哪儿算哪儿的念头在当地四处游荡。相反，通常都会提前列出自己想要做的事，对比几本旅行指南和网站，然后仔细地决定游览的目的地和顺序，这才是比较正常的做法吧。

学习也一样。学习新知识就像第一次去陌生的土地一样。在这两种情况下，除非提前制订计划，否则效率不会提高，只会浪费自己宝贵的时间。

单纯地增加学习时间没有意义，战略性地思考如何使用有限的资源非常重要。时间越少，就越应该花时间提前做准备。

▼

"战略性的资源利用法"的7个步骤

———

"战略性的资源利用法"可以按照以下7个步骤进行。

■ 1. 成绩判断

在学习之前，在一张纸上写下"我希望的考试成绩是××"。

■ 2. 重要性评估

我们给成绩对自己的重要性进行评分，满分为100分。如果"这次要求不高，及格就行"，那就是60分左右，如果"这次考试会影响我的内部评定"，那就接近100分。

■ 3. 自信心评估

为自己获得成绩的信心程度评分，满分为100分。100分是"绝对可以达到目标程度"，0分是"完全不可能达到的目标程度"。

■ 4. 猜题

预测考试中会出现什么样的题，并写在纸上。选择几个你认为"肯定会考到"的问题。

■ 5. 选取材料

从材料和参考书中，筛选出最多 15 个可用于学习的材料并写在纸上。这里不是将一整本参考书算作"一个"材料，而是选取参考书中的特定页面或部分作为一个。

🟦 6. 理由判断

写下你认为材料或参考书可以使用的理由。想想为什么这些材料对你很重要，例如，"这本参考书很容易理解"或"因为问题有很多种变化"等。如果你问自己："我为什么选择这本参考书呢？"或者"我觉得这些材料比其他材料更重要的地方在哪里？"会更容易理解。

🟦 7. 用法判断

在纸上写下你打算如何使用这些材料和参考书。"因为这本参考书擅长基础解释，所以我想先仔细阅读一下它""由于这本习题集的应用篇非常丰富充实，所以我想重点学习一下这部分"等，粗略地考虑一下资料的使用顺序以及使用方法。

然后用同样的方法考虑一下如何利用与人际关系相关的资源，如"我的朋友 A 对这个领域非常熟悉，如果和他一起学习的话，遇到不懂的地方可以请教一下他"。

虽然这样做看上去非常困难且很浪费时间，但实际上我们并不需要在"战略性资源利用"上花费太多时间。

斯坦福大学所做的一项实验表明，即使每天只提前 15 分钟进行计划，实验对象的表现也会有所提高，他们的压力水平也会显著下降。所有参与实验的学生都能够很好地使用必要的材料和参考书，表明这样做还是很有效果的。

即使具有相似的能力和相似的努力，结果也会因你是否具有战略

战略性资源利用法·7个步骤

第一步 **成绩判断**	100分	在纸上写出"本次考试我想考××分"。
第二步 **重要性评估**	60分	考出这个成绩对自己的重要程度如何？ 为其评分，满分为100分。
第三步 **自信心评估**	80分	我有多大的信心考出这样的成绩？ 为其评分，满分为100分。
第四步 **猜题**	Q. Q. Q.	预想一下考试中会出现什么样的题目，并写在纸上。
第五步 **选取材料**	A C E	从资料或参考书中选取可以使用的地方，并写在纸上。
第六步 **理由判断**	理由 理由	在纸上写出这些资料或参考书可以使用的理由。
第七步 **用法判断**	资料 参考书	在纸上写出自己打算怎么使用这些资料或参考书。

性思维而产生很大的差异。每天学习前花 15 分钟时间来制订学习计划吧。

"战略性资源利用法"
也可应用于商务领域

照以下步骤进行。

❶ 工作前，在纸上写下你希望得到什么样的结果。

❷ 评估一下结果对自己的重要性，满分为 100 分。

❸ 评估一下自己对实现该结果有多大信心，满分为 100 分。

❹ 想一想那份工作可能会出现什么样的问题？希望出现什么样的结果？并写在纸上（需要什么样的市场推广？需要什么样的销售方式？等等）。

❺ 在纸上写出可能对解决该问题有用的材料、数据、人脉和商业书籍，最多写 15 种。

❻ 在纸上写下你认为该材料或商业书籍有用的原因。

❼ 在纸上写下你打算如何使用这些材料或商业书籍。

如果你按照这些步骤进行的话，你就可以看到摆在你面前的问题以及解决问题的路线图。比如，"我们的产品质量很好，但由于广告投放不足而没有取得成功，这意味着我们需要文案技术和营销数据才能进行广告投放"等。

一旦你知道了大方向，就可以更容易地优先考虑诸如"在花钱播放在线广告之前，必须先想出一个好的流行语"之类的事情。

正确的努力方法是使之明确。

准备技巧六
自然的力量可使
注意力倍增

通过每周一次的接触自然
来使自己的注意力加倍

正如我们在第 111 页"正确运用音乐的力量"中所讲述的，大自然具有优化我们注意力的效果。如果你不能专心学习，那就利用大自然的力量来提高你的效率。

你可以使用自然声音应用程序，也可以在你的书桌上放置一个小型观叶盆栽。有很多方法可以将自然融入自己的日常学习中，但绝对应该尝试的一件事就是在树木环绕的环境中学习。

有很多植物的公园，附近的河床，有观叶植物的咖啡馆……

什么地方都没有关系，但有实验结果表明，**在一个比平时更自然丰富的地方学习可以使你的注意力加倍。**

2018 年，伊利诺伊大学召集了 300 名儿童，将他们分成两组。

❶　每周在公园的自然环境里上一次课。

❷　每周在只配备平板电脑和电子黑板等现代设备的教室上一次课。

你可能会觉得孩子们在户外基本上都是在玩耍，如果在户外上课的话，他们肯定不会好好学习的，但是 10 周后的调查结果却大不相同。当老师对每节课"学生的专注度"进行评分时，在大自然中授课的孩子注意力集中的可能性是普通班的两倍。

更妙的是，这种变化在回到平常的教室后也得到了证实。在大自然中学习的孩子在一周内继续保持着高度的专注。

每周只需一次就足以享受到大自然所带来的好处。在绿树成荫的公园里学习，比如，每周日一次，可以让你的注意力加倍，让你在接下来的日子里更容易继续保持高度的专注力去学习。

当然，如果有机会的话，你可以不仅仅每周进行一次，还可以每天都这样做。为了能让自己有时间就可以到大自然中去学习，你最好提前调查一下附近都有哪些公园或河床。

▼

学习前赤脚走路可增加工作记忆

▬

我现在也越来越多地借用自然的力量，最近早上我都会去附近的森林读书和写论文。有时我会花 4 小时左右的时间全神贯注地看一本书，而且很奇怪的是，我可以一直保持专注而几乎不会感到疲劳。这可能是拜大自然的力量所赐吧。

在这里我更推荐你学习前光着脚在草地或泥土上轻轻走一走。

这是北佛罗里达大学研究出来的一项技术，在随后的工作记忆测试中，光脚在草地上慢跑的实验对象比穿鞋跑的人高出 16%。

工作记忆是大脑快速处理信息的一种功能，例如，是一种可以用

所谓工作记忆

工作记忆 = 快速处理信息的大脑机能。可以把它比喻成办公桌，桌面越宽，处理能力就越大。

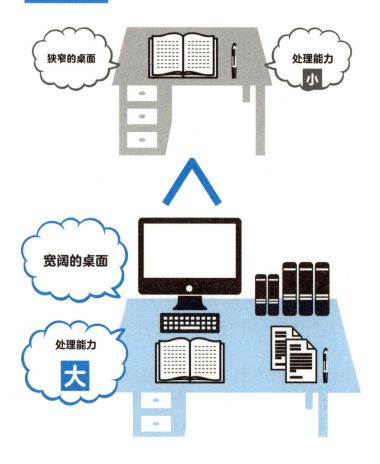

狭窄的桌面

处理能力 小

宽阔的桌面

处理能力 大

来促进日常对话的顺利进行、暂时记住购物清单、进行心算等的能力。

如果你把它比作办公桌，工作记忆就是桌面的大小。办公桌越宽，你可以在上面放置的文件和材料就越多，因此工作起来也就愈加轻松自然。

相反，如果使用小书桌，放置材料的空间就会变窄，不得不从抽屉里一个个地取出文件，难免会拖慢你的工作速度。这是工作记忆功能降低的状态。

因此，越是需要迅速进行判断的场合，高效的工作记忆越是必不可少。事实上，据报道显示，工作记忆功能越高的学生往往成绩越优秀，毫无疑问，工作记忆对学习也很重要。

虽然为什么赤足会增加工作记忆尚无定论，不过有人认为这是因为人的脚底聚集了很多敏感的神经，所以脱掉鞋子才能更清楚地感受到"自然"。

虽然有很多人不喜欢弄脏自己的脚，但这绝对值得一试。

▼

可爱的动物也能提高注意力

━━

我再介绍一种对于那些没有机会接触大自然的人也可以很容易尝试的方法。这种技巧就是"看一看可爱的小猫、小狗的照片"。

虽然经常被忽视，但狗、猫等动物也是让人类感受"自然"的重要因素之一。**当我们看到动物时，我们的大脑会感受到自然，我们的注意力也会保持在一个良好的状态。**

有大量的研究实验可以证明其效果。在一项实验中，看到可爱的小猫、小狗照片的学生在随后的注意力测试中表现更好，并且更准确地完成了任务。根据数据显示，越是需要集中注意力小心谨慎的情况，可爱动物的照片就越有效。

可以试着将它用于需要详细计算的数学问题或需要记住历史细节的场合。

准备技巧七
利用同侪压力
激发干劲

▼

利用"来自朋友的压力"

人的注意力很容易分散。特别是在学习对大脑造成很大负担的时候，注意力会立即分散。

因此，在这里我推荐你使用"同伴竞争"。这个词的意思是"来自朋友的压力"，在日本经常被用来解释不太好的现象。

● 因为上司在加班，自己也不能回家，因此开始做无用功。

● 由于和周围人的意见不同，很难提出相反的建议。

● 班上受欢迎的人会聚在一起欺负笨小孩。

简而言之，它指的是"大家都在做，所以我自己也要做"的跟风心理，单从这样的例子来看可能会给人强烈的负面印象。

然而，**容易受周围影响的感觉也可以用于积极的一面上。**这是因为有善意的和恶意的两种类型的"同伴压力"。

正如我们在前面的案例中所看到的，恶意的同伴压力是通过配合群体来降低生产力，这种压力有时会导致恶意意图。相反，善意的同伴压力则是：

- 我必须努力学习，因为我周围的人都在努力学习。

- 没有人乱扔垃圾，所以必须避免乱扔垃圾。

像这样，会朝着增加积极行为的方向发展。我经常在餐厅的洗手间看到写着"感谢您保持清洁"的贴纸，这也是通过"善意的同伴压力"来达到效果的一种方式。

通过周围的压力让自控能力加倍

过去几年的研究表明，人的自我控制能力很容易通过"同伴压力"得到提高。

例如，在科罗拉多大学所做的一项实验中，将 4 岁的孩子们带到一个放着棉花糖的房间，然后对他们说："如果你们能忍住暂时不吃棉花糖，待会儿你们会得到两个。"

这时，研究人员将孩子们分成两组。

使用同伴压力的实验

别的小朋友都忍得住哦。

忍住不吃棉花糖的概率增加了两倍。

① 只是单纯地让他们忍着不吃棉花糖。

② 告诉他们："别的孩子都忍着不吃棉花糖呢。"

很显然，第二组使用了"同伴压力"。这样做是为了确认"别的孩子都在忍耐着呢"的压力下行为会发生多大的变化。

实验结果对研究团队来说非常惊人。处于同伴压力下的孩子忍住不吃棉花糖的概率是没有压力的孩子的两倍。

自不用说，如果没有自控能力的话，如果在学习的时候走神，那么将无法立即将自己拉回到书本上。

为了能够持续地保持学习的专注力，轻松地提高所必备的能力，有必要尝试一下。

▼

让自己置身于高动力的人群之中

━━

如果你想利用同伴压力来学习的话，"去一个很多人都在努力学习的地方"是一种简单而好用的方法。

在自己家里或书房里学习固然也很好，但这难免会让自己的大脑习惯于周围的环境，逐渐降低注意力。在熟悉的环境中，我们的大脑会产生这样的念头 ——"稍微偷会儿懒也没有关系"。

这时候就应该使用"同伴压力"了。选择一个高动力人群聚集的场所，比如，一个有很多正在准备考试的学生的图书馆，或者有很多准备写报告的大学生的咖啡馆，这样的场所自然会增加你的注意力。

相反，那种顾客们可以愉快交谈的店则不适合提高注意力，因此最好提前找好爱学习的学生和商务人士经常去的店。

如果你想通过伙伴压力来提高自己的注意力，还有一个好方法就是"多结交一些学习好的朋友"。

原本在心理学界，"人类的生产力容易受到同伴的强烈影响"就是一个众所周知的事实。哈佛大学曾经进行过一项实验，让一个工作量很少的商务人士坐在一个高效率的同事旁边时，他的工作效率立即提高了17%。

相反，我们也知道，同伴的影响可能也会起到相反的作用，如果身边有一个消极的人可能会大大降低工作效率并导致人际关系被破坏。总之，人类是很容易受到同伴影响的一种生物。

为了防止这样的问题发生，唯一的方法就是有意识地正确使用同伴压力。远离消极的朋友，尽可能地把自己放到学习好的人当中去。

要点

意志力薄弱的人要善用"同伴压力"。

如果我们到一个有很多"高度自觉的人"的地方去学习的话，会进展得非常顺利。

PART

4

增强记忆力："学习后"要做的 5 件事

想要考试取得优异成绩的话，单纯靠机械记忆没有什么意义。要努力把大脑里储存的信息变成"有用的知识"。

对于准备考试的学生来说，必须学会能够自如地运用在基础学习中所掌握的知识。对于商务人士来说，能够活学活用在各种资格考试中所学到的技巧是不可欠缺的能力。**仅靠积累知识不可能产生任何成果。**

我们应该怎么做才能培养出"有用的知识"呢？

答案就在：**如何度过"学习后"的时间里。**

在解决了参考书上面的基础问题，度过了集中精力的课堂时光之后，通过合理有效地使用那些已经装入大脑中的信息，我们的应用能力将会发生很大的变化。

后面我会详细讲解如何利用时间。简而言之，本章的重点是：学习后，做"不用脑的活动"。

学习结束之后，就不要再担心"我怎么又在同样的问题上犯错了……"或者"明天必须学习那个单元……"而是努力暂时将学习这件事从大脑中分离出去。如果我们没有执行这一步骤的话，我们的应用能力将不会得到大幅度的提高。

在大脑的两种模式之间切换！

为什么在学习之后要在大脑中进行分离操作呢？正如前面已经介绍过的一样，我们的大脑使用两种模式处理信息。

● 集中模式：集中精力针对一种信息，拼命地试图获取知识的状态。

● 放松模式：大脑放松并尝试让大脑中的多条信息连接起来的状态。

为了让自己的学习更有成效，两种模式都是必需的。

例如，在学习历史时，首先以集中模式努力学习"1919年召开了巴黎和会"等具体信息。然后当我们把大脑切换到放松模式时，大脑会在无意识之中开始展开联想，"巴黎和会是英日同盟解散的原因……""它也与中东问题密切相关……"这样，不同的知识在我们的脑海中就会一个接一个地连接起来。得益于放松模式，我们所学到的信息从点变成了线，随之升华为更加有用的知识。

有些人明明知识渊博，但是不知为何总是不能出成绩，这样的人往往都是因为在学习后没有将大脑切换到放松模式，让大脑始终都保持着全速运转。这不会让大脑得到放松，我们学到的知识点，永远都只是点。

简而言之，学习能够取得成果取决于适当的放松，即集中注意力后休息的质量。

在本章中，我们将介绍将放松模式的力量发挥到极致的技巧。然而，有一个不争的事实：虽然学校里的教师都是教书的专业人士，但他们并非都是学习的专业人士。因此，教师们曾学习过最新学习方法并付诸实践的案例很少。

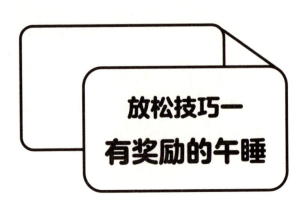

放松技巧一
有奖励的午睡

▼

通过 10 分钟的午睡
让大脑得到恢复

以前午睡被认为是懒惰的象征，而且名声不佳，不过这都是陈年旧话了。近年来，"有效小睡（power nap）"这个词已经变得非常普遍，它作为一种提高生产力的良好技术已经名正言顺地得到了大家的认可。众所周知，谷歌、耐克等知名

公司都推荐员工午睡。

大量的数据都显示了其有效性，在此大致总结出以下几个优点。

● 10~20 分钟的午睡：有助于改善认知功能，提高注意力和生产力。

● 30 分钟午睡：因为已经进入浅睡眠状态，所以对消除疲劳也有效果。

● 40~60 分钟午睡，虽然现阶段数据还不够多，但可以知道能使整个人精神焕发，让已经开始降低的大脑功能恢复到原来的状态。

尽管还需要更多的研究，但午睡的好处毋庸置疑。哪怕只是 10 分钟的睡眠，也能让人的大脑得到极大的恢复。

▼

把午睡和给自己的奖励结合起来

在这里，我在众多小睡技巧中，为大家介绍一种对提高学习成果特别有效的"有奖励的午睡"。这是一种通过将午睡与给自己的奖励相结合的方式来提高长期记忆的技巧。

❶ 学习后小睡。

❷ 睡醒之后，对刚刚学习过的内容进行测试。

有奖励的午睡

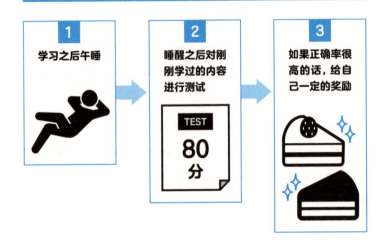

1	2	3
学习之后午睡	睡醒之后对刚刚学过的内容进行测试 TEST 80分	如果正确率很高的话，给自己一定的奖励

❸ 如果测试的正确率很高的话，给自己一定的奖励。

如果我们按照上述步骤进行午睡的话，将会更容易取得学习成果。这是已经被日内瓦大学所验证为有效的方法，那些被告知"如果答对记忆测试的题目的话，会得到奖励"的实验对象，比那些被告知"就算你都答对了也什么都没有"的一组正确率要高很多。

这个技巧的更大好处在于，3 个月后，对所有的实验参与者进行突击测试，同样也是被告知"可以得到奖励"的那组得分更高。将午睡与奖励相结合不仅可以提高即时记忆力，还可以让信息作为长期记忆更加容易地扎根于我们的大脑之中。

奖励的内容并不重要，只要是自己真正喜欢的东西即可。可以是糖果、游戏或漫画，只要让自己满怀期待："只要我测试正确的话，就能得到'它'。"其效果也就会更加显著。

此外，虽然在实验中实验对象会被要求午睡 90 分钟，实际上并没有必要花费那么长时间。过去进行的另一项实验表明，"即使在学习后小睡 5 到 10 分钟，学习效率也会提高"。实际上，即使在更短的时间内也可以得到预期效果。

▼

番茄钟式的时间管理
+ 有奖励的午睡

在这里，我想推荐一种方法，即将"番茄钟"工作模式与有奖励的午睡进行结合的一种方法。

番茄钟是一种经典的时间管理技术，对提高注意力非常有效，通常会按照以下模式进行循环。

● 只专注 25 分钟 → 休息 5 分钟。

在 25 分钟的时间里，彻底关掉电脑和智能手机上的通知功能，全神贯注于眼前的工作。然后在接下来的 5 分钟内，放下工作，让自己的大脑彻底休息。

番茄钟的优点不仅在于它对提高注意力非常有效，还增强了"有意识地专注于事物的能力"和"什么都不要想的能力"。两者都是获得学习成果不可或缺的技巧，因此在日常工作生活中采取这样的方式非常有好处。

将番茄钟与有奖励的午睡相结合时，不要拘泥于"25分钟→5分钟"的循环。

使用类似番茄钟的循环

※ 循环按照自己喜欢的时间就OK

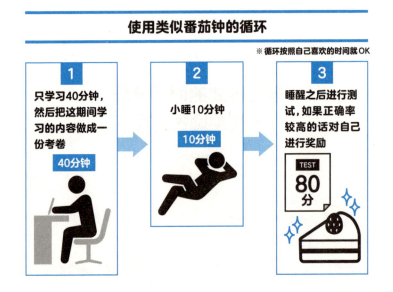

1 只学习40分钟，然后把这期间学习的内容做成一份考卷
40分钟

2 小睡10分钟
10分钟

3 睡醒之后进行测试，如果正确率较高的话对自己进行奖励
TEST 80分

既可以使用第2章中所提到的"90分钟→20分钟"的模式，也可以采用"40分钟→10分钟"的原始循环模式，总之，只要是适合自己的节奏都可以。

例如，如果使用"40分钟→10分钟"的循环的话，具体步骤程序如下。

1 只学习 40 分钟，然后把这期间学习的内容做成一份考卷。

2 小睡 10 分钟。

3 醒来后，做前面准备好的考卷，如果得分高的话，就把预先定好的奖品奖励给自己。

无论我们使用什么样的循环，重要的是在集中注意力后彻底放松自己的大脑。只要我们坚持这个基本原则，无论和什么样的技巧进行结合，都会很容易取得成效。

▼

醒着充分休息

有些人可能不擅长小睡。对于那些闭上眼睛立即就能入睡的人来说非常简单，但是还是有相当一部分人，即使对他们说"只睡 10 分钟就可以了"，他们还是很难做到。

不过，请放心。即使我们没有完全睡着，只要闭上眼睛也能收获相当不错的效果。在一项实验中，实验对象在阅读了两个短篇小说之后，通过以下两种模式获得了休息。

1 醒着充分休息。

❷ 玩与书内容无关的游戏。

醒着充分休息就是"什么都不做，单纯发发呆"。

在这个实验中，受试者被要求在黑暗的房间里闭上眼睛10分钟。在此期间，随便想什么都没有关系，可以思考书中的内容，可以进行与它毫无关联的幻想，或者想想今天的日程安排。反正就是让大脑处于一种天马行空的状态。

之后，当实验对象被要求"尽可能详细地回忆一下书中的故事"时，进行了"醒着充分休息"的一组对象的记忆保留率往往高出10%。即使只是闭上眼睛10分钟，也可以更轻松地将新信息留在我们的脑海之中。

所谓醒着充分休息

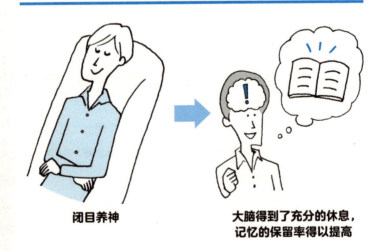

闭目养神

大脑得到了充分的休息，
记忆的保留率得以提高

当我们闭上眼睛休息时，我们就不会再关注周围的世界。于是，大脑就有了更多的空间，因为它不再需要接收新信息。得益于此，我们可以集中精力对前面接收到的信息进行整合工作，最终记忆的保留率会得以提高。因此，醒着充分休息的方式有助于大脑的工作。

相反，如果我们在学习后玩游戏，大脑就会将处理功能发挥在玩游戏上面，因此在记忆创建过程中会包含不必要的信息。结果导致我们刚刚学到的信息并没有在自己的脑海中被捕捉到，记忆的保留率也就降低了。

说起"醒着充分休息"似乎是在浪费时间，但即使在休息期间，我们的大脑活动也不会停止。相反，与专注于游戏相比，其实大脑正继续进行着更加丰富的精神活动。

在当今这个信息丰富的世界中，可能很难有时间让我们的大脑休息一下。但是，为了更好地学习新知识，获取新信息，需要提前安排好醒着充分休息这样的休息时间。

放松技巧二
使睡眠效果最大化

▼

交替睡眠

常言道："学习后就好好睡觉吧。"

从科学角度来说，这个建议相当正确，即使我们减少睡眠用来努力学习，这些信息也不会留在我们的大脑之中，我们所花费的时间也不会得到回报。如前所述，当我们进

入放松模式时，我们的大脑会处理信息并且记住它们。

从这个意义上说，睡眠是最强大的学习技巧之一。永远不要减少自己的睡眠时间。

因此，我首先想向大家推荐的是"交替睡眠"。这是法国里昂大学通过效果验证的方法得出的结论，在众多的睡眠方法之中，这一种对提高学习效率非常有效。

具体来说，我们可以按照以下步骤进行。

❶ 学习到一半的时候停下来睡觉。

❷ 醒过来时，接着前一天学习的内容继续往下学。

所谓交替睡眠

学习到一半的时候停下来，开始睡觉。

在睡眠之中，大脑开始处理信息。

醒来之后，从前一天停下来的地方开始学习。

这个技巧最重要的是第一步。**不要在参考书章节分开的地方停止学习，而是在一个问题的中间或在解说的中间停下来，就像尾巴被切掉了的蜻蜓一样有头无尾。**换句话说，就是在学习过程中交替插入睡眠（Interleaving：交替）的一种方式。

这可能会让人有一种欲罢不能的感觉，会有点不舒服，但这种意识增强了放松模式的功能。这是因为我们的脑海中会不停地出现"我该如何解决那个问题""后面到底是怎么讲解的"等问题，于是在睡觉的时候，大脑就开始处理当天学到的信息。另外，如果我们刚好在一个章节结束的地方停止学习并开始休息的话，我们的大脑会错误地认为，"我今天所做的事情已经全部结束了"。它会产生某种事情已经完成的错觉，并在不知不觉中开始惰于信息处理。

当然，实际上第二天还要继续学习，**但是人的心理往往容易受到"章节""段落"这类词的影响。**

这和新年一到，就会觉得去年的问题都被重置了是一个道理。因此要谨防明显休息所带来的大脑错觉。

根据里昂大学的一份报告显示，使用交替睡眠法的学生在词汇测试中的表现是正常学习学生的两倍。

显然，这种睡眠方法有缩短复习时间，让我们很难忘记曾经学过的东西的效果。

记住，**"在一个没有彻底完结的地方结束一天的学习"**是个好主意！

睡前列一份待办事项清单

为了增强睡眠所带来的记忆加深效果，在睡前列一份第二天的待办事项清单也是一个不错的主意。列出我们第二天需要做的所有任务，比如，"做出蓝图第二章的练习"或"读完山川世界历史欧洲历史部分的 20 页"等。

5 分钟就足以列出一个清单。仅此一项就可以改善我们的睡眠质量，并能够比平时更容易入睡。

这是已经在贝勒大学验证了其效果的一种技巧，可以发现睡前花 5 分钟左右的时间写出"第二天要学习的东西"的学生更容易记住他们学到的东西，入睡的平均时间也快了大约 9 分钟。

也许有人认为不过是区区 9 分钟而已，但是这个数字和使用安眠药时的改善程度几乎没有太大的区别。换句话说，制定待办事项清单和药物一样有效。

近年来的睡眠科学认为，"对第二天的焦虑"是许多人夜里睡不好的主要原因之一。

在当今这个忙碌的世界中，我们要做的事情一天比一天多，对当天需要完成的任务感到不满的情况也并不少见。未完成的任务不仅白天在大脑中萦绕，甚至在我们睡觉之前也会出现在脑海之中，从而产生紧张感，降低睡眠质量。

但是，**如果我们在睡前花上 5 分钟列一个待办事项清单，事情就会发生改变。因为第二天的任务明确了，让自己有种如释重负的感觉，因焦虑所带来的不良影响也会大大减少。**

没有什么比睡前消极思考更影响睡眠质量的了。绝对不要在脑海中不停地考虑待办事项。

▼

如果还能把睡眠学习
用于复习的话则可事半功倍

很多人听到"睡眠学习"这个词可能会觉得不舒服。如果我们可以在睡觉时仅通过听有声读物来学习，那简直是再轻松不过的事情了。

事实上，许多研究都否认睡眠学习的效果，认为"在睡觉时捕捉新信息"是不可能的事。曾经很流行的睡眠学习 CD 已经不见了踪影。

但是你知道吗？目前在科学界，正在重新验证审视这种睡眠学习的效果。**虽然无法通过睡眠学习来捕捉新知识，但很有可能被用于"复习"用途。**

瑞士大学所做的一个实验非常具有代表性。

研究小组指示实验对象从晚上 10 点开始听荷兰语学习 CD，然后上床睡觉。等大家都睡着了之后，继续播放他们睡前听到的那段录音。

起床后，对他们前一天所学的荷兰语进行了考试，大家的成绩都很不错。**在睡觉时继续听荷兰语 CD 的学生在醒来后记住的可能性要高出 10% 到 20% 左右。**

根据通过检查睡眠期间的脑电波获得的数据可以得知，在听 CD 睡觉的学生的大脑中也测量到了学习期间出现的 θ 波。即使在睡觉期间，大脑也可能会在不知不觉中尝试记忆这个单词。

不过，由于这还仅仅是最近的研究成果，睡眠学习到底有多大的作用目前尚不明了，需要进一步研究以得出明确的结论。

但是，因为只不过是在睡觉时播放学习录音，因此不会花费太多时间，所以即使效果不是很明显，也值得一试。

❶ 睡前大致听一遍学习音频。

❷ 把相同的音频设置为在入睡 2~3 小时后开始播放的模式。

❸ 醒来后，测试音频内容以验证记忆的效果。

通过上述步骤，很有可能让"睡眠学习"发挥出作用。除此之外，我们也可以尝试根据自己的需求来设计如何使用方法，例如把睡觉前读的书变成一本有声读物，在睡觉期间继续播放等。

要点

要敢于在学习到一半的时候停下来，放到第二天再继续。

在当天处理掉焦虑和压力，不要让它们延续到第二天。

放松技巧三
靠运动来增强记忆

▼

在学习后哪怕只运动5分钟，记忆保留率也会增加

切换大脑模式的第三个技巧就是"运动"。

运动除了能促进脑部血液循环外，还有将营养输送到全身、放松僵硬头部的作用。而所有的这些作用都对记忆有着积极的影响。

就我而言，每天早晨一醒

来，我会先在附近的森林里活动一下身体，等大脑中的血流量上升后再开始学习。学习之间进行小睡或休息，如此循环，每天进行三个时间段的学习，晚上再进行锻炼，这就是我的日常生活。使用这种方法，可以让我们在早上保持高度专注的状态下学习新知识，从下午开始通过运动来增加记忆力。

可能有很多人会说"我不想花那么多时间锻炼"，但如果只是为了提高学习效率的话，其实并不需要做太多的运动。总之，每次学习结束后运动 5 分钟就足够了。

2017 年，新南威尔士大学进行了这样一项实验。实验对象为 20 多岁的人。在让每个人记住一张陌生人脸的照片后，让其中有一半的人按照指示用步行锻炼设备步行约 5 分钟。

结果效果非常明显，稍后进行的记忆测试显示，进行运动这一组中的男性成绩提高了约 10%，女性成绩提高了近 50%。

虽然尚不清楚为何男女之间的差异如此之大，但是通常来说，女性下半身的血液比较容易停滞，因此即便是轻微的运动也可能带来非常显著的效果。不管怎样，似乎可以肯定的是，锻炼有助于增强记忆。

每天只需要 5 分钟就足够了，让我们在学习后走走路吧。

▼

通过 10 分钟的中高强度体育活动
来提高大脑的机能

5 分钟的轻度运动可以提高我们的学习效率，但如果我们想提高大脑的机能，则有必要进行一些强度稍大的运动。最低限度是：

● 进行 10 分钟左右的中高强度体育活动（MVPA）。

MVPA 是强度为 3 ～ 6 METs 左右的运动，大概就是从快走到慢

通过运动可以提高大脑的机能

1 学习之前慢跑10分钟左右可以提高大脑的机能。

2 学习结束之后，走路5分钟左右可以加深记忆。

跑左右的强度。虽然这不像走路那么容易，但是试着尝试一下跑得气喘吁吁的感觉吧。

这是西伦敦大学所验证的一个事实，实验对象仅仅骑自行车 10 分钟之后，其大脑机能就大大被改善了。对事物的分析能力比运动前提高了 14%。

基于以上数据，我们可以这样安排自己的日常生活：

❶ 学习前慢跑 10 分钟来提高大脑机能。

❷ 学习后，步行 5 分钟加深记忆。

通过在学习的前后插入运动，我们应该能够在最大限度地提高大脑的机能的同时来获取新知识。当我们没有进行学习的时候，一定要注意进行些轻量运动。

▼

通过间歇训练最大化长期记忆

如果你平时已经在做一些强度更大的运动的话，也可以用它来提高自己的学习效率。在一项实验中，学生们被要求学习大约 40 分钟的地理，然后按照指示在 4 小时后做了几种方式的运动。

❶ 以最大功率的 80% 骑自行车 5 分钟。

❷ 以最大功率的 60% 骑自行车 5 分钟。

❸ 重复 3 组 1 和 2。

最大功率的 80% 相当于全力进行有氧运动。这是一个完成后你会觉得呼吸非常急促，并且无法正常说话的水平。

最大功率的 60%，是一种可以简短地说几个词来交流的一种强度。虽然感觉有了一些余地，但精神上的痛苦还是相当厉害的。

这种交替重复不同强度运动的训练方法被称为"间歇训练"。虽然是针对高级锻炼者，但它对改善心肺功能非常有效，所以我也把它融入了我的日常生活中。

然后，在此项实验中学习地理两天之后进行测试，对实验对象的记忆进行了检验。结果符合预期，进行了间歇训练这一组的表现最佳，记忆量比非运动组多了 10% 以上。

剧烈运动之所以可以提高我们的记忆力，是因为运动具有增加神经敏感物质的作用。剧烈运动后立即分泌脑源性神经营养因子（BDNF）和富脯氨酸多肽（PRPs）等可以增强脑神经的物质，有助于形成长期记忆。

不过，在这个实验中，也出现了这样的现象，在学习后立即进行剧烈运动的一组中，有的人测试成绩下降了。

虽然还不清楚具体原因，但可能是因为完成艰苦的锻炼需要强大的精神力量，这反而给大脑带来负担并阻碍了学习后的记忆创造。

因此完成最后一次学习的 4 小时后，再进行剧烈运动效果更好。

学习前后，尽量安排一些轻快的步行或慢跑等低强度的运动。

要点

在学习中加入运动可以提高记忆的保留率。

学习前跑步 10 分钟，学习后步行 5 分钟。

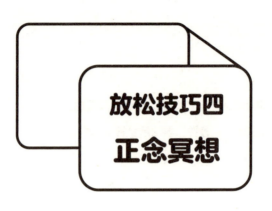

放松技巧四
正念冥想

▼

通过冥想训练提高考试成绩

"正念冥想"是佛教界一直以来广为使用的最古老的修心方法。近年来，通过科学方面的证明，它在缓解焦虑方面有非常明显的效果。

虽然对于正念的定义有多种理论，但基本上是指持续关注"当前这一时

注意力

刻"，即活在当下。

● **学习的时候，不要想着社交网络服务（SNS）上面是否有新消息，要专注于学习。**

● **写提案时，不要担心明天的演讲，专心写提案即可。**

如果我们能保持让自己的意识一直专注于面前的对象而毫不分心，那就是"正念"。当因紧张或压力而无法放松的人想要将大脑切换到放松模式时，它也非常有用。

正念最初是一种用于对抗焦虑和神经症的技术，但是近年来，它作为一种对注意力集中和记忆力有帮助的方法而逐渐获得了认可。

在加州大学进行的一项研究中，他们让 48 名实验者每天坚持进行 45 分钟的"正念冥想"。

两周后，对这些人全员进行了认知测试，当比较美国通用考试（GRE）分数时，发现冥想训练组的理解力和对文件的集中度大大提高。与没有进行冥想的一组相比，GRE 分数高出了 20% 左右。

这个结果意味着正念冥想改善了工作记忆。如前所述，如果此功能发挥作用的话，将提高我们阅读题目的能力，加快阅读书籍的速度，并对人际交流产生积极影响。可以说，它不仅是考生的必备能力，甚至可以说是每个人都应该具备的能力。

反复进行 21 次呼吸

我来介绍一下这个实验中所使用的冥想方法。

❶ 双腿交叉盘膝而坐，背部挺直，眼睛略微向下看。

❷ 每次呼气时数数，数到 21 后再从 1 开始重新数。

❸ 如果感觉自己注意力不够集中的时候，请刻意将注意力重新集中在呼吸上。

使用数息观的冥想法

焦虑

担心

以旁观者
的身份来
观察另外
一个自己。

重复此过程，直到达到预定的时间。这一方法被称为"数息观"，是禅宗世界中广为使用的一种传统技术。

"数息观"的诀窍是以旁观者的角度来观察冥想中出现的念头。

当我们在数呼吸的过程中，每个人都会在不知不觉中冒出诸如此类的忧虑："下周的考试不要紧吧……""最近这段时间我没办法按照计划进行学习啊……"我们的大脑非常喜欢思考和幻想，所以即使是注意力高度集中的人，也很难让自己的注意力仅仅集中在呼吸上。

这个时候，最坏的模式就是责备自己"我没有专注力"。**对未来和过去的担忧只是大脑所创造的暂时图像，与现在无关。相反，脑海中浮现出各种幻想是大脑进入放松模式的证据。**

如果我们在冥想时感到焦虑或担忧，请不要强迫自己去克制脑海中的念头，只要想着"这不过是心里的一个念头罢了"即可。就像我正盯着从自己面前驶过的汽车一样。

当这样的想法和情感划过脑海之后，我们所要做的就是重新开始呼吸计数。在不断反复的过程中，我们的专注力肯定会得到加强。

顺便说一下，在这个实验中，**之所以将呼吸次数设置为"21"，是因为它有助于使人保持专注。**

由于我们对诸如 10 或者 20 这样很容易区分的数字非常熟悉，因此它们往往会使我们陷入惯性计数并很快感到无聊。但是，如果我们使用"21"这样的奇数，因为我们的大脑对它不是很熟悉，也就不容易感到厌倦。

如果你对"21"也感到厌倦了的话，可以将其更改为其他数字。例如，用"73"或"96"这样的适当的数字来计数。

▼

将日常的焦虑和忧虑转化为
冥想训练的机会

━━━

之前的研究建议每天进行 45 分钟的冥想，但实际上我们并不需要花这么长时间来冥想。

据威斯康星大学所进行的一项类似研究所显示的结果，一次 10 分钟的正念冥想就可以提高注意力并改善认知测试的结果。每天花 10 分钟时间就足够了，因此让我们创造时间来进行正念冥想吧。

即便如此，让冥想成为习惯也是一项艰巨的任务。因为正念冥想与小睡或运动不同，其效果很难立竿见影，所以经常会有因为看不到效果而没有动力坚持下去的情况发生。

在这种情况下，将我们每天感到的焦虑和担忧转化为冥想训练的机会也很有效。具体来说，我会使用一种叫作"注意力转换训练"的技术，如果出现焦虑的情绪或想法，我会按照下面的步骤来进行思考。

❶ 如果感到焦虑或忧虑，请记住"这只是思想而不是现实"。
❷ 专注于呼吸和心跳等具体的身体感觉。
❸ 注意周边环境。
❹ 持续关注特定目标。

注意力转换训练

1

当脑海中出现焦虑或烦恼时，一定要想："这只是思考并不是现实。"

2

把注意力转向呼吸或者心跳等身体的感觉。

3

注意周围的环境。

4

像这样继续关注特定的对象。

例如，当我们的心头涌出诸如此类的念头时，比如，"一周后的考试我可能考不好啊……"当时就要这样想，"我刚才想的不是现实，只不过是一个念头罢了"。然后检查一下自己的身体如何反应，例如，"我感觉自己的心在扑通扑通地跳动""我感觉自己的头很重"等。

也许很多人当时会感觉好一些。这是因为我们焦虑的情绪已经与我们分离开来，我们不再被负面情绪的波浪所吞噬。

最后，把自己的意识从身体上分离出来，重新将注意力集中在周围的环境上。目标可以是任何东西，例如，咖啡的香气或天空中飘动的云。就像在冥想中专注于呼吸一样，让自己的意识专注于某件事。

这是一种与一般冥想非常不同的技巧，但是作为正念训练非常有效。

在正念训练中，重要的是将自己与焦虑和担忧等情绪分开，专注于自己应该做的事情。从这个意义上说，"注意力转换训练"也是一种以旁观者的视角来看待消极状态并转换意识的训练。

把每天的烦恼当作冥想训练的机会，来提高自己的注意力吧。

要点

当我们进行冥想时，大脑会立即切换到放松模式。

当我们专注于呼吸时，我们的焦虑和担忧就会消失。

放松技巧五
不违反生物钟的
休息方式

▼

与自己的"生物钟"和谐相处

你知道"生物钟（chronotype）"这个词吗？ 这是每个人与生俱来的体内时钟。

我们经常听到的"清晨型"和"夜晚型"是生物钟的不同类型，它们对人们的生活有很大的影响。所以很显然，即使夜晚型人早起努力学习，成绩也不会提高；反之，清晨型的人如果熬夜，大脑功能则会下降。

据说生物钟 50% 由基因决定，靠后天来调整几乎不可能。因此

最好把自己状态最佳、能够最大程度发挥能力的时间段预留出来，并在那个时候采取行动。

尤其是在现代生活中，大多数人都忽略了生物钟，能够在最佳时间学习、工作的学生和商务人士反而成了少数派。

例如，2018 年伊利诺伊大学对大约有 15 000 名学生正在使用的、该大学的"在线学习系统"中的数据进行了调查。在对每个学生两年来最活跃的时间进行了统计之后，把所有人的生物钟分为以下 3 种类型。

1 夜晚型：从 17:00 以后开始精力旺盛的类型。

2 白天型：在 12:00 到 17:00 精力旺盛的类型。

3 清晨型：在 12:00 前精力旺盛的类型。

之后，在对学生的生物钟和成绩的变化进行调查后，发现出现

你的学习生物钟是哪一种？

午前型

午后型

OR

10:00—14:00

16:00—22:00

哪个时间段大脑都会进入"信息获取模式"。
确定自己的类型，并在正确的时间学习。

了明显的差异。生物钟与自己的课程表不匹配的学生成绩明显更差。这是一种叫作"社交时差综合征"的现象，如果我们不按照与自己的生物钟相匹配的时间表行动的话，我们的表现就会显著下降。

数据显示，只有约 40% 的学生按照自己的生物钟在学习。剩下的人中有 50% 在大脑状态还没有发挥出来之前开始上课，而剩下的 10% 则是在大脑状态巅峰过后才开始上课。

要在学习中取得成功，首先必须知道自己的思维何时运作最为良好，并将精力集中在那个时间点上。相反，在大脑功能开始走下坡路的时候有意识地切换到放松模式，这一点至关重要。

应该集中在大脑效率
最高的时候学习

我们的时间表千差万别，但对于"学习"来说，最佳时间大致可以分为以下两种。

❶ 午前型 10:00—14:00。
❷ 午后型 16:00—22:00。

对于大多数人来说，大脑会在这两个阶段中的某一个采取"信息获取模式"。在这个时间段大脑会切换到最适合学习的状态，因此可以把最需要专注的学习放在这个时间段进行。

自己到底属于哪一种类型，可以尝试多次切换以便找到最适合自己的时间段。生物钟的影响很容易感觉到，所以只要我们分别在上午和下午的时间进行学习，就会找到最适合自己的学习时间。

顺便说一下，早上 4:00 到 7:00 这个时间段，几乎是所有人的学习能力都有下降趋势的时候。所以请注意不要在早上过早进行比较紧张的学习。

▼

在放松时间充分休息

━━━━

我们也来看看大脑比较容易进入放松模式的时间段。这个确切的时间也因人而异，但大致说来，大部分人的大脑都会在以下的时间里运转变慢。

● 21:00—23:00

在此期间执行需要集中注意力和逻辑思维的任务只会降低效率。这时候最好去洗个澡或进行冥想，让大脑充分休息，以便让白天学到的信息在脑海中扎根保存下来。

如果你觉得不工作会非常焦虑的话，请把这段时间用来提出想法或制订第二天的计划。因为这个时候是更容易有创造的时候，所以会比白天更容易想出好的提案。

▼

起床 90 分钟后再摄入咖啡因

━━━━

最后还有一点非常重要。许多人可能一醒来就喝咖啡或茶以保持清醒，但这是对生物钟最不好的一种行为。

我来详细解释一下。首先当我们早上醒来时，我们的身体会分泌一种叫作皮质醇的激素。这种物质具有增加血流量和刺激大脑的作用，使我们的身体逐渐清醒过来。

也就是说，人体在醒来后，就配备了一个不需要咖啡因帮助的唤醒系统。

然而，如果我们醒过来就喝咖啡的话，咖啡因的作用就会与皮质醇的作用发生冲突。由于两者都是具有唤醒作用的物质，会让大脑产生不必要的兴奋，会变成一种超出清醒程度的、接近于紧张和焦躁的状态。

为防止出现这样的问题，请在起床至少 90 分钟后再喝咖啡。大多数人此时所分泌的皮质醇已经开始逐渐减少，此时喝咖啡的话可以让我们的清醒时间保持得更长。

另外，起床后喝一杯水是最佳方式。醒来后，全身几乎处于脱水状态，所以快速补水可以顺利提高大脑的表现。

要点

制订的学习计划不要违反自己的生物钟。

创建一个合理的学习和休息周期是成功的关键。

学习高手进一步
提高学习效果的
7 个学习习惯

激发顶尖成果的进阶技巧

导读

到目前为止，我们已经在本书中介绍了许多科学有效的学习方法。

❶ 在学习之前，通过认真规划和利用音乐来增加动力。

❷ 在学习时，使用主动学习技术将内容刻入大脑。

❸ 学习完后，让大脑彻底休息，等待信息的关联。

如果我们确定自己已经做到了这三件事，那么我们就已经无须再为寻找学习方法而烦恼了。剩下的就是顺其自然地慢慢吸收自己需要学习的东西就可以了。

因此，在第 5 章中，我们将讨论一些适合水平较高人士的方法。如果你想在第 2 章到第 4 章内容的基础上走得更远，提高更多，那么请使用下面所介绍的学习方法。

乍一看，每一项"高级技巧"似乎都很容易掌握。然而，实际上并没有多少人拥有真正能让自己的"五感"都投入学习的习惯。

越是学习成绩好的人，就越能够把这种做法习惯化。比如，东京大学的学生中就有很多人习惯性地练习本书所强调的以身体习惯为导向的"高级技巧"。

当然，初学者也可以尝试本章中所阐述的方法。只要是适合于自己生活方式的方法都可以尝试。要积极地去挑战并获得更多的成果。

现在，我们具体地介绍一下这7种技巧。

进阶技巧一
自言自语学习法

▼

喜欢自言自语的人专注力都很高

　　"学习时自言自语"是一边学习一边念叨所学内容的方法。这可能看起来有点奇怪，但它是一种在许多研究中都被证实是非常有效的技巧。

　　在一个实验中，实验对象被要求写一篇关于社会问题的文章，写的同时要把他们的想法说出来。

　　"嗯，我现在很关心税收问题，消费税很快就会上涨……这对家庭会有什么样的影响呢？不，从公司角度来写可能比家庭更有趣……"就像这样，一边随口说出自己的想法，一边继续写文章。

　　身边有一个这样的人的话，可能会觉得很麻烦，但是效果的确很不错。当对所有的文章进行评分时，那些一边自言自语一边写文章的人的成绩都非常好，而且写作过程中的专注力也更高。

通过自言自语来掌握学习内容

这种自言自语的学习方法之所以有效的原因是通过实时地说出自己的想法，让"自我参考效应"发挥了作用。

这个词的意思是，如果我们凡事都使其与自己发生联系，那么记忆的留存率会更高。比如，当我们试图记住战国时代的历史过程时，我们可以想象自己穿着盔甲站在战场上，这样会提高我们的记忆力，提高自己对细节的理解能力。

即使不是学习场景，比起那些自己不感兴趣艺人的丑闻等，我们还是更容易记住身边发生的一些琐事。这也是出于"自我参照效应"发挥了作用的缘故。

"学习时自言自语"的机制也一样，倾听自己的声音比只在头脑中思考更能拉近自己与所思考内容之间的距离。这样做的时候，"自我参考效应"就发挥了相应的作用，可以容易地记住知识。

▼

活用自言自语进行学习的三种模式

使用"学习时自言自语"这一技巧有 3 种主要模式。

1. 实况模式

如前例所述的一样，这是一种实时播放我们学习中所思考的内容的一种方式。阅读课文时，可以试着说：

"哦，这里出现了一个我不擅长的矢量！现在，我该怎么克服这个困难呢？似乎可以通过那个公式来解决，不过这是一个应用问题，所以可能没那么容易解决。"

对于自己随口说出的这些想法，我们不必刻意去认真倾听。这是因为"自我参照效应"从我们听到自己声音的那一刻起就已经开始发挥作用了。

这是一种可以用于阅读的技巧，我自己经常使用。

我经常一边看书，一边在附近的森林里漫步，嘴里喃喃自语："这不都是一样的说法吗？我认为还有不同的理论。"像这样可以更容易地帮助我们组织大脑中的内容。

不过，我还是建议大家尽可能在没有人的地方使用它。

■ 2. 提问模式

这是一种对摆在我们面前的文字或问题提问的模式。例如，当我们阅读参考书时，可以问自己这样的问题：

● 我真的理解这篇文章的主题吗？

● 有没有不理解的术语？

● 三种解决方案中自己更倾向于用哪一种？

● 我同意本段的结论吗？

● 这到底是什么意思？

在很多情况下，我们无法立即给出答案，但请不要担心。

当我们可以就自己正在学习的内容提出问题时，我们可以客观地审视自己的思维方式，同时我们的大脑会在不知不觉中开始把自己引导向解决方案。

如果我们没有立即得到问题的答案，可以忽视它，继续下一部分。

另外，如果我们怎么也想不出问题的话，请使用第 70 页上的"元认知阅读"问题集里面的问题来进行提问。这样重复几次之后，我们应该就可以很自然地提出自己的问题了。

■ 3. 总结模式

这是把我们当场所学的内容进行总结并说出来的一种模式。当我们想记住之前的实况模式或提问模式中所理解的文本内容时可以使用它。

打个比方，假如我们正在学习数据分析，可以把每个部分中所出现的那些较难的术语，比如，"所谓模式就是数量最多的值""偏差就是每个值与平均值之间的差值"等，把它们用自己的话总结一下，并用一句话概括出来。

顺便说一句，如果此时我们没能顺利地得出总结，最好停止继续阅读并进行思考，比如，试着想想"如果我向朋友解释这个，我该怎么说"。这样做也是非常不错的做法。正如我在第74页的"教学方法"中所解释的，通过把其他人代入我们的思考过程中，让问题变成别人的事，就可以更容易地从客观的角度重新考虑内容。

要点

通过自言自语，对大脑内部的信息进行整理组织。

通过对与自己相关问题的思考，可以立即提高理解力。

进阶技巧二
想象自己在
对人说话的朗读法

▼

为什么出声朗读对学习如此有效?

如果觉得"学习时自言自语"很麻烦,可以从比较容易做到的大声朗读课文开始。

在教育学的世界里,"朗读"的作用早已广为人知,无论是文科还是理科,不管是什么样的内容,朗读出来就比较容易进入大脑而被记住。

有无数的数据都显示了这种效果,例如,在一项让学生朗读 80 个单词的实验中,出声朗读组的考试成绩比默读组高 12%。当然,出

声朗读比默读要花更长的时间，但其结果似乎足以弥补其缺点。

朗读的好处主要有以下三方面。

❶ 因为通过发出声音，我们可以更多使用嘴巴和耳朵的运动功能，这可以让我们的学习更加积极。

❷ 为了能够说出来，我们必须仔细阅读文本才行，这可以使我们进行更深入的学习，而不仅仅是用眼睛跟随内容。

❸ 大声朗读具有"自我参照效应"，可以提高记忆的保留率（参见第 178 页）。

这几点综合起来，在心理学上被统称为"生产效应"。大声朗读包含了本书中所讨论过的许多有效技巧，例如，主动学习和自我参考效应。因此，它的效果自然很好。

以说话为目的进行背诵，效果加倍

进一步激发朗读好处的是"以说话为目的的朗读"。加拿大蒙特利尔大学设计了一种方法，研究小组将学生们分成以下 4 组，让他们按照指示背单词。

❶ 只在心里默念单词。

❷ 轻微动嘴唇，但不要出声地背诵单词。

❸ 大声朗读单词。

❹ 把单词大声朗读给别人听。

之后进行了单词测试，其结果显示，"把单词大声朗读给别人听"这一组以压倒性优势获胜，正常朗读组获得第二名。第三名是轻微动动嘴唇这一组，只在心里默念的一组成绩最低。

"以说话为目的的朗读"会刺激大脑中控制社交活动的区域。

自古以来，人类为了能够在恶劣的环境中生存下来，需要与同伴互相帮助并不断发展。如果没有听到同伴的话甚至可能会导致死亡。我们的大脑有一种机制，在与他人交流的过程中能更大地发挥其机能。

因此，在任何学习方法中，只要添加了交流元素都会激活大脑并增强记忆力。第 74 页所介绍的"以教为目的的学习方法"也是一种利用相同机制的技巧。

但是，没有必要特意去找人来听我们大声朗读。在这个实验中，即使我们的说话对象并没有听到我们的朗读，也可以看到记忆力有所提高。

换句话说，即使没有人听我们大声朗读，我们仍然可以通过在自己的大脑中想象"我正在对朋友说话"来获得效果。

要点

一边朗读课文一边学习。

以与人交谈的方式大声朗读非常有效。

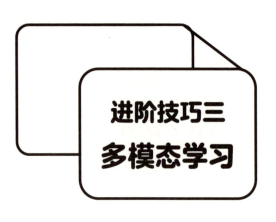

进阶技巧三
多模态学习

▼

让我们充分使用
五种感官来学习吧！

到目前为止，我们已经研究了自言自语和出声朗读的好处。我们可以从这些技巧中知道如下事实：对于人类来说，可以通过尽可能多的感官来提高学习效果。

从专业角度来说，这是一种称为"多模态学习"的模式，

不仅充分利用视觉，还充分利用听觉和运动感觉将其牢牢地刻入大脑中。

这也是理所当然的。人类本来就是一个自古以来就在充分利用五种感官接收猎物和外敌信息的同时幸存下来的种族。大脑可以同时使用各种感官是很自然的事情，仅仅通过过度使用视觉来学习反而是不自然的。

为了充分激发出多模态的效果，最好在多种媒体上对一个主题进行复习。

例如，如果你想了解近代历史上的"冷战"，你可以考虑使用以下几种方法：

- 反复复习上课时总结的近代史笔记。
- 复习课本上的"冷战"部分。
- 看看在线学习网站上的"冷战"部分。
- 在线搜索关于"冷战新闻"的视频等。
- 创建思维导图，重新组织自己已经掌握的"冷战"内容。
- 做一些从多个来源获得的与"冷战"相关的练习题，如在线学习网站和大学的旧习题等。

用我们能想到的尽可能多的方法来回顾一个主题的内容。通过活用笔记、视频和思维导图等，可以充分调动视觉以外的多种感官，帮助我们更加轻松地记住信息。

通过语音记录我们所学内容的摘要

就我而言，我在阅读难度较大的书时经常使用听力。

首先，使用"自言自语学习"的方式出声朗读，读完一章后，用智能手机将内容总结录制成音频。

即把刚刚读过的内容简单地录下来，例如，"第一部分概述了回归分析，下一部分涉及从部分解读整体的重要性"。

另外，彻底看完一本书后，过一段时间后再听音频进行复习。这就创造了一种多模态，让我们更加难以忘记学过的内容，并把书中的精髓保留在自己的脑海中。

如果使用这个技巧来学习，我们可能想在完成学习后用语音录下自己曾经做错的数学题或者没有记住的英语单词。如果我们把当天的反思点说出来并且记录下来的话，过后就会更容易记住自己不擅长的地方，有助于提高复习效率。

要点

会学习的人，能够充分利用自己的"五感"来学习。

建议在多个媒体中回顾同一个主题。

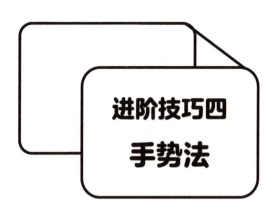

进阶技巧四
手势法

▼

一边用肢体语言表示
一边背单词

我们再来看看多模态的另一个应用。它是一种在学习时通过使用手势来提高记忆保留率的技巧。

例如，假设我们正在尝试记住西班牙语单词"苹果（manzana）"。

这时候，我们可以一边做

出拿起一个苹果往嘴边送的动作，一边反复说出"manzana"这个单词。这绝对比重复地听写记忆一个单词效果好得多，可以更容易地记住它。

在一项调查手势影响的实验中发现了这样的现象，频繁地活动身体的同时其大脑的各个区域都被充分地激活了。

在正常的学习中，大脑中只有与语言相关的部分在工作，但是如果我们一边活动身体一边学习的话，感官和运动系统的功能也会开始工作。

因为这个作用，信息被存储到大脑的各个部分，即使过后被问到"苹果这个单词怎么说"也可以快速地检索出正确答案。以购物来比喻的话，家附近遍地开花的便利店比附近只有一家大型超市更方便。

不仅可以在学习特定知识时使用手势学习法。在学习抽象的理论和想法时，手势也很有用。

比如，如果我们想学习数学中的"积分"，我们该怎么做呢？

从字面上理解的话，积分就是把一堆什么东西堆积在一起，所以如果它是一个面积的话，我们可以做出一个细线变平的手势。如果是体积的话，我们可以做出一个把薄板叠加起来的手势。

如果你不能完美地表达这个概念也没关系，只要能够按照自己的理解来做出相应的手势就可以了。

▼

可以通过频繁地活动自己的
身体来提高注意力

━━━

　　对于那些一时想不出很适合的手势的人，也可以只通过移动自己的身体来获得相应的效果。即使不能准确地表达出自己正在学习的内容也没有关系，让自己的身体动起来吧。

　　密西西比大学正在进行一项非常有趣的实验。

　　研究小组召集了许多少年，并对大家进行了一项工作记忆测试。当我们研究成绩好的人的特征时，可以发现表现最好的是一边活动身体一边进行挑战的孩子。

　　反复地重新交叉双腿、有节奏地敲击桌子上、频繁地抖腿等，身体的活动越多，孩子的成绩就会越好。

　　这种现象在事先检查中被诊断为"注意力不集中"的孩子中表现得更为明显。**越是有着"我不能一直专心学习""我总是会走神"等诸多烦恼的人，越是可以通过在学习的同时进行大量的身体活动来提高学习效率。**

　　另外，如果你不擅长使用比较丰富的肢体语言，那么你可以尝试使用像"压力球"这样的小道具。就是那种橡胶制成的球状物品，可以用手抓着握捏的减压道具。

　　在教育学的世界里，使用它来提高课堂注意力的事例很多，即使是在使用压力球的实验中，学生的注意力、写作能力、沟通能力等都有了显著的提高。

此外还有简单地转动圆珠笔或玩橡皮等也很有效果。如果你正在阅读一本很难的书，很难静下心来的话，可以尝试用移动指尖来指读。

要点

一边做手势一边记忆，会很容易记住。

令人讨厌的"转笔"对提高注意力也很有效。

进阶技巧五
读书时也要运动

▼

站着学习可以提高注意力

第 4 章介绍了学习后锻炼的技巧，这并不是锻炼发挥作用的唯一场景。即使一边学习一边运动，依然可以获得很好的效果。

当然，我们不必一边学习一边进行肌肉锻炼或跑步，只要在学习中加入一些非常轻量的运动就可

以了。单纯地从椅子上站起来就很有效。最简单可行的办法之一就是站立式办公桌。

站立式办公桌是一种没有椅子，站着就可以工作的办公桌。在过去几年中，它作为解决运动不足的工具获得很多好评，并被谷歌、脸书等大公司采用。

此外，这也是在近年来的研究中验证为有效的可以提高学习效果的方法之一。据说，站着学习会增加我们的注意力和动力。

这几年有大量的临床数据可以证实这一点，根据得克萨斯 A&M 大学的一项实验显示，使用站立式课桌上课的小学生的学习成绩提高了 12%，减少了孩子们之间的窃窃私语，并且增加了加入分组讨论的积极性。

12% 的达成度是这样计算出来的，每小时增加了约 7 分钟的注意力。令人惊讶的是，仅仅通过站立学习就能取得如此大的效果。

长期研究还表明，站立式办公桌可以使人变得更聪明。这是从一项针对高中生的实验中获得的结果，让他们站立学习 24 周后进行认知测试，大部分学生的认知测试成果都有所提升，大脑的执行功能也有所改善。

所谓执行功能，是指大脑分析摆在我们面前的问题并将其归结为可以解决的状态的功能。这一功能对于高效学习必不可少，如记住重要信息、简洁地总结我们的想法等。

对实验对象的大脑进行检查的结果显示，使用站立式办公桌的学生大脑前额叶血流量增加。这是因为人的脚就像一个泵一样，将血液泵送到心脏，而站立学习会使血液更容易被输送到大脑之中。

站立式办公桌的正确使用方法

虽然我们也可以通过在线购物网站购买一张站立式办公桌，但实际上并不必购买专用的办公桌。只要把盒子等放在平时的课桌上，然后在上面读书学习就足够了。

我是这样做的：把书房两端摆放的书架用一块大板连接起来，制作了一个原始的站立式办公桌。只要你可以站立工作，就可以在任何办公桌上获得相同的效果。

不过，在你刚开始使用站立式办公桌的时候，不要一次性站立太久。 否则会因为不习惯而容易一直保持同一个姿势，这样会让下背部和肩膀感到不适。

一开始，设定一次 5 到 10 分钟比较安全，然后逐渐延长时间。推荐大家在站立和坐着之间来回切换，直到自己习惯为止。

此外，即使自己已经习惯了站立式办公桌，但是学习时间超过 60 分钟后，请务必每 10 分钟活动一下身体。和一直坐着对身体不好同理，保持同一个姿势一直站着同样对身体不利。

习惯之后就逐渐增加运动强度

如果我们已经习惯了站着学习，那就试着再增加一点运动强度吧。这是因为已经证实 MVPA 级别的中高强度运动（第 156 页）具有提高记忆力的效果。

在一项针对女性的实验中，实验对象被要求一边骑自行车一边学习外语单词。在几个小时后进行的测验当中发现，那些边运动边学习的人表现得比那些按照通常方法记住单词的人要好。两组的分数相差多达 40%，研究团队也对此深表惊讶。

如果你也想在现实中达成这样的效果，可以试试这样做：

- 一边慢跑一边听有声读物。
- 一边做简单的蹲起一边复习参考书。
- 站在课桌边一边踏步一边读课本。

这个技巧的重要之处在于将其限制为 MVPA 级别的中高强度运动。在跑步的情况下，如果速度超过 6 千米 / 小时，强度会过高，所以请保持一个呼吸不要过于急促的水平。

就我而言，我在书房制作的站立式办公桌下放了一个专为奥运运动员训练而制作的踏步机，我经常一边踩着它踏步一边写稿子。

看到这个样子的人都表示很惊讶："你居然可以在这种状态下敲键盘？"实际上完全没有问题，而且通过运动的动作保持高度专注也让我心情很舒畅。现在我已经很少使用椅子坐着工作了。

要点

站立学习可以增加大脑的血流量，让大脑更加聪明。
边运动边学习可以提高记忆力。

进阶技巧六
消除对特定学科的恐惧

▼

不擅长意识会大大降低学习成果

━━━

任何人都会有那么一两个自己不擅长的科目。

"我总是做不出三次函数的题""我认为自己没有英语天赋""我讨厌所有学科中的阅读题",等等。

如果对特定学科或问题抱有不擅长意识的话,那么它对你的学习效果造成的影响将会比你想象的还要大。

例如,在教育界,长期以来一直有报道称,不知因为什么,女性的数学成绩都比较差。在小学低年级,男女之间的能力并没有太大的

差异，但随着年级的提高，这个差距就不可思议地扩大了。

最初，人们怀疑这种现象是由于男性和女性的大脑差异造成的，但纽约大学的一项高质量研究揭示了一个新的原因。

当我重新审视 1998 年至 2011 年进行的学术能力测试的数据时，那些带有"女性是不擅长数字的生物"之类偏见的老师所教导出来的学生的数学成绩下降得尤为明显。

恐怕是老师将这样的偏见传达给了孩子，女学生带着"我是不擅长数学的"这样的不擅长意识长大，因此学习动力降低了，所以数学成绩也就变得越来越差了吧。这是多么严重的伤害啊！

相反，在另一所大学进行的一项研究中证实，那些自认为"自己很擅长数学"的学生往往能更顽强地解决问题，即使他们的数学能力实际上比其他学生低。这是因为尽管实际能力并不强，但是信念的力量却大大地促进了行动力。

▼

如何抵消不擅长意识的负面影响?

▬▬

　　所以我们要讲的第六个高级技巧就是消除不擅长意识。**为了让自己即使面对不擅长的科目也不会感到气馁,让我们来学习控制自己的思维方式吧。**

　　可能很多人都认为"不擅长意识没有那么容易消除"。讨厌特定科目的原因是在长年累月的失误和失败中积累出来的结果。如果能这么容易解决的话,也就不用那么辛苦了。

　　当然,这种感觉是正确的,自己那根深蒂固的信念和偏见无法轻易抹去。不是忘记我们脑海中的短暂记忆,而是即使我们倾尽全力,也无法丢弃曾经深深印刻在脑海之中的信息。这也是本章节被视为高级技巧的理由之一。

　　但是,仍然有花点功夫来改变的余地。**即使我们无法完全地消除不擅长意识,也可以减少其不良影响。**

　　这是比较容易做到的,我们可以在学习之前这样做:

　　● 对于自己不擅长的科目,把自己过去做得好的经历说出来,或者写在纸上。

　　即使是再怎么不擅长的科目,都应该有过很好的经验,比如,过去至少有一次在考试中取得好成绩,受到过别人的表扬,能够顺利地解决应用问题等。即使是再怎么微不足道的小成绩都没关系,试着努力想出来并回味自己曾经体验过的"小胜利"。

虽然这一方法非常简单，效果却出奇地高，甚至在美国的验证测试中，大部分使用这种技巧的人都提高了解决问题的能力，大大提高了工作积极性。最让人感到吃惊的是，他们中一些人的智商甚至增加了 10 分。

事实上，越是在学习方面有成就的人，就越不缺乏这种朴素踏实的能力。那些因为持有不擅长意识而无法展示自己本来能力的人，请无论如何在考试前试一试这个技巧。

要点

我们可以通过控制自己的思维方式来克服不擅长意识。

在学习之前，让我们试着回想"小成功"的经验。

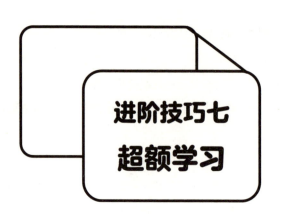

进阶技巧七
超额学习

▼

为什么水平越高的人
越是重视基础训练？

　　面向高手的最后一个技巧是"超额学习"。这是一种主要用于体育和音乐领域的训练方法，简单来说，**就是一种进一步练习自己已经掌握的技能的方法。**

　　空手道黑带会多次重复练习基本动作，专业钢琴家勇于

反复练习基础曲目，这就是典型的"超额学习"。越是接近一流水准的专业人士，他们就越有可能在不知不觉中重复基础练习。

最近的研究表明，"超额学习"这一想法可以用于学习和加固记忆。2017 年，布朗大学召集了一些志愿者进行了记忆特定图像的训练，并分成两组分别以两种模式学习。

❶ 当认为"我已经学得很好了"时停止学习，休息 30 分钟后，开始进行其他技能的训练。

❷ 即使认为自己学得足够好了，仍会继续同样的训练 20 到 30 分钟。然后休息 30 分钟后，再进行其他技能的训练。

不用说，第二组是"超额学习"。从产生"即使自己做得更多也不会再有所提高了吧……"这样的意识开始，仍会继续学习相同的内容。

第二天，对所有的实验对象进行了记忆测试，结果如下：

● 超额学习组对第一次和第二次学习的内容都掌握得很好。

● 没有超额学习这一组的人只记得他们第二次所学到的东西。

但是几乎把第一次所学的东西都忘光了。

简而言之，当我们觉得"我已经学会了"，于是开始继续学习下一内容时，我们将无法记住刚刚所学过的内容。这是不是一个有点意外的现象呢？

信息通过"超额学习"
被牢记于大脑中

"超额学习"的效果与大脑的独特机制有关。

当我们开始学习新技能时，大脑会切换到"学习模式"并开始积极地获取信息。当然，这种"学习模式"对于学习新事物必不可少，但如果持续保持这种状态的话，其实会对记忆力的保留产生副作用。

"学习模式"就像打开方便面的盖子。要想达到好吃的程度，必须加入适量的热水，但是如果一直不停地倒水的话，水很快就会从杯子里溢出来。

我们的大脑也是如此。当我们进入"学习模式"时，如果在适量的内容进入大脑以后，我们还不停地继续学习的话，后面进来的信息就会冲刷掉之前学到的信息。

正因为如此，很容易就会忘记前面所学到的东西，好不容易学到的东西都付诸东流了。

但是，如果在这个时候插入"超额学习"的话，就会发生一个有趣的变化。通过接收更多我们认为自己"应该已经学会了"的信息，大脑会切换到"加固模式"并开始积极地尝试记住这些信息。

这样，我们最初学到的东西就保存在你的大脑中，即使后来有其他信息进来，也不会被一扫而光。这就是"过度学习"的工作原理。

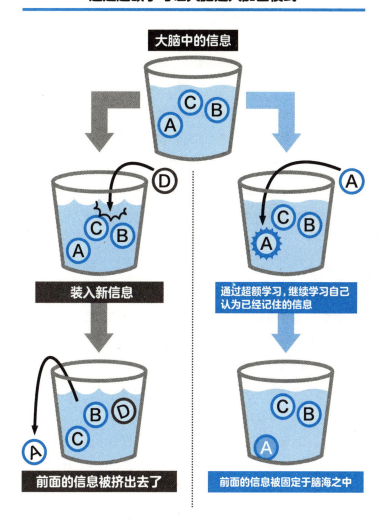

前面的信息被挤出去了

前面的信息被固定于脑海之中

我们以学习英语单词为例，看看如何使用"超额学习"。

❶ 重复记忆固定数量的单词。

❷ 当自己觉得"我应该都记得很清楚了" 时停下来。

❸ 然后再花 20 分钟左右的时间，重复记忆这些单词。

不仅限于英语单词，也可以继续学习自己已经掌握的数学解决方案，或者也可以重新阅读自己已经完全掌握的历史知识。不管怎么样，关键是在认为"我已经学会了"之后继续学习相同的内容。

这可能看起来有点麻烦，但请尽量记住"我的大脑现在处于加固模式"，然后继续努力学习一会儿吧。

要点

当自己认为"我已经学会了"时，开始重复学习同样的内容。

这样，大脑将会从"学习模式"切换到"加固模式"。

超越天分的差距！
提高脑力的
科学训练

努力能克服天分的差距吗？

曾几何时，"一万小时定律"这个词很流行。据说，任何人只要经过一万小时的强化训练，就可以成为天才，这一假说被当作唯一正确的科学"成功法则"而广为流传。

确实，如果这条定律是真的，那么一切就都变简单了。什么都不要想，只要全身心地投入训练，任何人都能成为某一个领域的高手（虽然真的花一万小时训练也是很难的）。

实际上并没有那么简单。最新研究发现作为"一万小时定律"来源的论文存在缺陷，实践证明实际上并没有人们所说的那么有影响力。

这是密歇根州立大学所揭示的一个事实，该大学的研究团队对过去进行的音乐、游戏、学习等方面的研究进行了综合分析，得出了科学可靠的结论。

根据计算，掌握某个特定领域所需要的因素之中，练习的影响力只有区区 12%。剩下的 88% 涉及周围环境、开始训练的年龄等对本人来说即使努力也改变不了的客观因素。

　　在这里重点提醒一下，这个结果并不意味着我们不需要学习。学习对于取得成果绝对重要。

　　新研究的重点是"个人能力的差异不能仅用训练量来解释"。

　　不仅限于学习方面，有很多人在任何领域都不费吹灰之力就达到顶峰。不是任何人都可以像"一万小时定律"所表明的那样，可以通过训练成为天才，我们仍不能忽视天赋这一重要因素。

▼

如果通过训练改善大脑机能，就能更接近天才

天才与普通人的区别到底在哪里？如果训练量没有那么大的影响，究竟是什么决定了我们和他们之间的能力差距？

这个问题至今在科学上仍没有比较明确的答案。决定学习结果的因素数不胜数，对它们进行影响力排名并不容易。

因此，我们把在本书中所提及的诸多因素进行了总括，缩小到以下两点。

❶ 工作记忆。

❷ 思维模式。

稍后我会详细解释，但两者都是决定学习结果的重要因素。

这两个因素与其他因素不同，是可以通过后天的训练比较容易提高的，而如果这两个因素得以提高的话，就会变成通常所说的"头脑聪明"的状态。

换句话说，这就像盖房子先要打地基一样。

不管我们花多少钱盖房子，如果没有好好打地基的话，我们就没

办法立起柱子。形象地说，可以理解为让大脑变聪明，夯实大脑基础，然后在那里建立起努力的支柱。

重要的是使用前几章中所讲述的技巧踏踏实实地获得学习经验，如果时间有富余的话可以进行训练以扩展大脑的境界，让自己变得聪明。继续使用这样的组合，获得与天才相匹敌的能力也不是梦想。

提高工作记忆性能的 5 种方法

　　工作记忆是大脑的一项重要功能，目前已出现在第 3 章和第 4 章中。这是一个可以让我们在短时间内控制头脑中信息的功能，这个功能所发挥的作用越大，我们的学习就越容易产生结果。

　　在过去的几年里，已经找到了几种通过训练来提高工作记忆表现的方法。在这里我介绍 5 个最具代表性的方法。

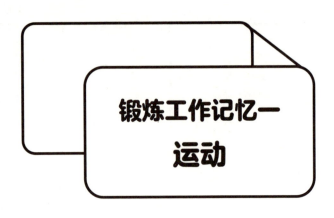

锻炼工作记忆——
运动

▼

仅仅靠走路就可以使大脑具有活力

首先就是运动。运动对提高记忆力的效果我已经说过很多次了，它还具有使大脑变聪明的作用。

更重要的是，我们不需要复杂的练习来增加自己的工作记忆。仅仅通过走路就可以提高大脑的表现。

在这里我们举个例子，为了验证经常步行的效果，伊利诺伊大学进行了一项实验。实验对象以每天40分钟、每周3次的节奏坚持步行，并通过功能性磁共振成像（fMRI）确认大脑的变化。

一年后，坚持步行的实验对象大脑中的神经回路都增多了，一个名为"默认模式网络"（DMN）的系统更加活跃了。

DMN 是连接大脑中的情绪和记忆等信息的电路。其连接越好，认知功能也就越好，对未来的计划、日程安排、多任务处理等能力也就越强。

▼

扩展工作记忆的运动指南

改善工作记忆力的目标走路量是一次至少步行 10 分钟。习惯了以后，建议每周练习 3 次左右，每次以 30 到 40 分钟为目标。

运动的强度以呼吸轻微加速的程度快走。具体来说，我们可以把心率设定为最大心率的 50%~60%。

另外，"220- 年龄"这个公式经常被用作计算最大心率，但由于误差较大，在当今体育界属于次要方法。

如果你想获得更准确的值，请使用"208-0.7 * 年龄"这一公式。这是基于大约 19 000 人的数据得出的方法，因此可以计算出更精确的数字。

顺便提一下，运动不仅有改善工作记忆，还有扩大大脑海马体的功能。这是大脑中涉及记忆和学习的区域，是存储新学到的信息的重要部分。对提高学习效率来说也不可或缺。

根据最近 14 项研究所得出的高质量数据得出的结论，促进海马体生长的运动指南如下。

❶ 轻量级运动：每周 3 次，每次 40 分钟步行。以最大心率的 50%~60% 坚持 6~12 个月。

❷ 高强度运动：每周 3 次 30~60 分钟的慢跑或骑自行车。以最大心率的 80% 左右持续 3 到 6 个月。

由于运动和工作记忆研究的历史还很短，因此随着未来的研究，最佳方式可能会发生改变。毋庸置疑的是，不管怎样锻炼，对我们的大脑健康都有益处，所以请养成每天运动的习惯。

要点
步行可以促进大脑中的神经回路的发育并改善大脑机能。
让我们养成每次 40 分钟，每周 3 次的运动习惯。

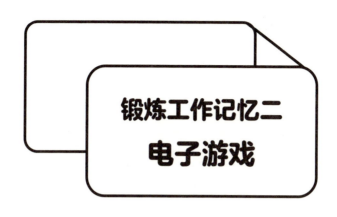

锻炼工作记忆二
电子游戏

▼

关于电子游戏对大脑
有益的分析结果

提起游戏，往往会给人一种消磨时间的强烈感觉，但是近年来，游戏可以让大脑变得聪明这一优点逐渐受到了广泛关注。

一个典型的例子是加泰罗尼亚大学进行的荟萃分析。精选了关于大脑和游戏的研究，并且只对好的数据进行了分析，这是目前为止最可靠的一部分内容。

简而言之，其结论就是电子游戏对我们的大脑有益。

具体来说，就像我前面所提到的一样，海马体会变大，保持注意力的能力会增加，工作记忆的机能会提高。其中最重要的是，在压力较高的情况下变得更容易保持专注，因此对于快要进行考试的学生和将要有演讲的商务人士来说应该非常有用。

▼

什么游戏可以让我们
更轻松地提高脑力？

可用于提高脑力的游戏需具备以下条件：

- 需要进行实时判断。
- 具备解谜要素。
- 可以在 3D 空间中飞来飞去。

不一定要全部满足，但满足这三个条件的游戏可以增加大脑的负荷，作为认知训练非常有效。

作为参考，让我们列出迄今为止在实验中确认可以改善大脑功能的几个游戏。

- 超级马里奥 64
- 星际争霸
- 英雄联盟
- Dota2

当然，这些游戏并不是全部。以《超级马里奥 64》为代表，任何需要实时做出艰难决定的游戏都应该有效。

从这个意义上说，《塞尔达传说》和《风暴英雄》等游戏似乎很有潜力。

▼

游戏的效果是把双刃剑

━━━

但是，请注意电子游戏也有缺点。我之前提到的元分析证实了游戏的两个缺点：

- 大脑的奖励系统发生变化，处于类似于成瘾症状的状态。
- 对外部刺激做出反应变得更容易，大脑变得容易得到奖励。

设计越好的游戏，越是会让玩家在适当的时间获得物品，在中等难度的地方通关。这种舒适感过度地开启了大脑的奖励开关。

一旦发生这种情况，玩家就光想着继续玩游戏，而没有将好不容易提高的工作记忆和注意力用于学习。从这个意义上说，游戏是一把双刃剑，因此需要提前制定"玩 10 分钟就必须停止"等严格的规则。

要点

"电子游戏会妨碍学习"这一说法已经过时了。

如果使用得当的话，它会成为比较好的休息手段。

锻炼工作记忆三 学乐器

▼

音乐家大都记忆力很好

━━

曾经有一个非常流行的说法，"古典音乐能让人变得更聪明"，当然这是彻头彻尾的伪科学。听听音乐就能改善大脑的机能，世界上没有这样的好事。

然而，从另一方面来说，在最近的一些实验中得出了"学习乐器"对工作记忆有效的可靠数据。最著名的是帕多瓦大学进行的一项研究，该研究总结了过去所得到的大量数据，对学习乐器是否对大脑有益进行了调查。

结论是"长期学习乐器的人，短期记忆力更好，工作记忆力表现更高"。音乐家一般都有很好的记忆力，例如，他们很擅长快速记住随机排列的数字。

▼

为什么乐器会对大脑有益处呢?

▬▬

乐器对大脑有益的原因有很多，但最大的一个原因是音乐训练基本上是多模态的。

当我们在演奏乐器时，我们必须将乐谱上写的符号与大脑中的声音联系起来，并将这些信息转换为进一步的身体动作。该过程包括视觉、听觉和运动感觉等所有要素，并通过各种感觉的变化来刺激大脑。

因此工作记忆会得到改善，并提高瞬间记忆的能力。

换句话说，学习音乐也是学习信息分块化的一种训练。把那些不应有任何中断的声音的流动，使用旋律、节奏等框架以通俗易懂的方式组织起来并将其转换为易于我们接受的形式，这种工作正是我们在第 2 章中所解释的分块化学习。

学习什么乐器并不重要。无论是钢琴、吉他，还是架子鼓，只要是能够满足多模态和分块化这两个元素，就都是有效的。

唯一的窍门就是享受音乐。

如果我们仅仅是为了训练自己的工作记忆而开始练习乐器，这样的动机是很难坚持下去的，最重要的是，如果我们不能享受其中的话，就不会对大脑产生刺激。如果我们能坚持这一点的话，音乐将成为一种非常有趣的大脑训练方式。

要点

比起"欣赏"音乐来说，"演奏"更有效果。

乐器练习可以让大脑的工作记忆更发达。

锻炼工作记忆四
表达性书写

▼

通过在纸上书写，
大脑会开始有效地工作

━━━

笔记展示是一种经典的心理疗法，长期以来一直用于心理咨询领域。它对焦虑和抑郁非常有效，并已在数百项研究中得到了认可。

其做法也非常简单：

● 不停地在纸上写下自己的烦恼。

这样做就足够了。如果我们能连续几周每天坚持 20 分钟这项工作，我们的焦虑就会消失，我们的幸福度也会逐渐增加。当我们把负面情绪写出来时就创造了客观性，因为这样做更容易解决问题，比单单在心里烦恼有效多了。

这种方法的可贵之处在于，它不仅可以改善心理健康，还可以改善大脑功能，目前已经逐渐得到了认可。例如，在密歇根州立大学召集了患有焦虑症的学生，将所有人分成以下两组进行实验。

❶ 记笔记。
❷ 写下前一天发生的事情。

虽然两组的记录时间都只有 8 分钟，但效果却有很大的不同。当我们进行一项测量大脑功能的测试时，发现单纯记笔记这一组学生的工作记忆有所改善。

出现这些变化的原因是我们的担忧和焦虑会伴有降低工作记忆的一些作用。

当忧虑浮现在大脑之中时，大脑就会把处理能力用在那里，而没有给其他认知能力留下空间。

一边学习的同时，还要监控自己的烦恼并试图压抑自己的情绪。在这种状态下，我们根本无法专心学习。有太多烦心事的人就相当于总是在同时处理多项任务一样。

但是，如果此时我们进行一下笔记展示的话，"焦虑"的包袱就会从大脑的工作记忆中卸下，大脑的资源就会得到释放。通过在纸上倾诉自己的忧虑，我们能够更有效地使用自己的大脑。

▼

正确使用笔记展示的 3 个要点

▬

在进行笔记展示时，请注意以下三点。

■ 1. 时机

笔记展示最好在学习后或睡前，只花 8 分钟左右完成为最佳。在经过一天繁重的工作后大脑被装得满满的时候，用笔记来倾诉一天中的烦恼。

■ 2. 内容

在纸上写什么内容并不重要。可以写一些学习中的焦虑，如"我怎么在基本的问题上犯错了啊""马上就要进行最后的考试了啊"；不满或者担心的事，如"那家伙今天的发言实在让人火大""我一点儿动力也没有"都是可以的。如果你不能清楚地表达你的感受，就写"我不知道因为什么，就是感到很焦虑！"总之，把脑子里的所有问题都倾吐出来很重要。

■ 3. 期限

虽然在之前的研究中得知，工作记忆在进行笔记展示之后立即得到了提升，但许多研究都表明，持续的时间越长，它就越有效。虽然并没有确定的期限，但建议至少持续 4 周。

对于那些因为焦虑而使大脑无法正常工作的人，睡前花 8 分钟左右的时间，把所有的负面情绪都请书写下来吧。仅此一项就可以使你

笔记展示的3个要点

1 时机

在经过一天繁重的工作，大脑被装得满满的时候，花8分钟左右的时间为最佳。用笔记来写下一天中的烦恼。

2 内容

学习中的焦虑，一些小小的不满或担心的事等，无论什么内容都可以，把脑海中的问题都倾吐出来。

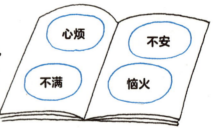

3 期间

坚持的时间越长，越容易看出效果。建议最少坚持4个星期。

第二天的学习能够得以顺利地进行。

要点

不要把忧虑留在大脑里，而是写在纸上。

这样做可以释放大脑空间来专注于学习。

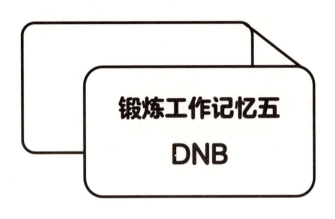

锻炼工作记忆五 DNB

▼

利用一个简单的记忆力比拼游戏

"DNB"是"数字空间记忆力训练（Dual N-Back）"的缩写。这是一个比拼短期记忆的简单游戏，许多实验都证实了它可以改善大脑功能。

每天只要花 15 分钟左右的时间来玩游戏，经过一个月的训练，我们的智商就有望得以提高。这可能是让人变聪明的最有效的技巧之一。

当我们启动"DNB"时，屏幕上会首先出现 9 个方格。"DNB"的基本规则是猜测出现在那里的符号的位置或者声音。

这么说的话可能有点难以理解，所以我们最好实际玩一次试试。

瞬间记忆训练用的DNB游戏

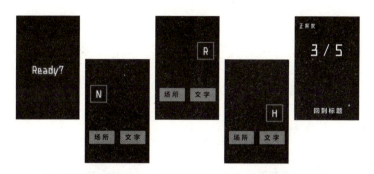

DNB 15分钟智商提升大脑训练游戏

　　一款智能手机游戏应用程序（免费），可在短时间内训练你的记忆力。通过记住一个接一个闪烁的字母表中的"位置"和"字母"来比拼正确数。

　　由于它是以周为单位来记录成绩的，因此很容易使训练成为一种习惯。

　　我们可以在电脑上使用"Brain Workshop"（http://brainworkshop.sourceforge.net）等工具，最近一款智能手机应用程序已经免费发布。你可以尝试搜索"DNB 15 分钟智商提升大脑训练游戏"。

改变思维模式的 5 种方法

　　拓展大脑所必需的第二个要素是"思维模式"。

　　这是斯坦福大学的卡罗尔·德韦克博士所倡导的理念，意为一种深深扎根于内心深处的"信念"或"思考方式"。

　　大部分人的思维模式大致可以分为以下两种类型。

- 僵化型的思维模式＝人的能力是固有的，无法改变。
- 成长型的思维模式＝人的能力是可以通过后天努力来改变的。

　　我们拥有哪种思维模式，将对我们的大脑产生巨大的变化。

　　当然，我们所需要的只能是成长型的思维模式。拥有这种思维模式的人认为自己的能力可以通过努力和技术来提高，敢于挑战任何看似有可能的事情，不畏惧失败。即使失败了，也不会怀疑自己的天赋或能力。

如果我们能够培养出成长型的思维，即便我们仍比不上那些天才，但是我们可以尽可能地发挥出与之接近的水平。世界上被称为"努力型天才"的人都有着这样的思维方式。

总而言之，拥有成长型思维会让我们不那么惧怕失败，虽然这会导致更多的试错，但成功的机会也因此大大地增多了。因为有了这种成功的经验，会让我们增添信心，不断尝试挑战的机会也就大大增加了。

一旦我们进入这个上升的螺旋，"我们所要做的就是继续保持成长型的思维，并跟随它的带领不断挑战自己。即便没有人带领和提醒，我们也会自然而然地通过努力不断积累，最终我们的能力会得以提高。

相反，那些拥有僵化型思维的人都非常畏惧失败，因为他们将失败归因于自己的能力。哪怕是一个小小的错误，也很容易让他们觉得"我不行！"或者"我没有能力！"到头来，他们只对自己能做好的事情感兴趣，能力必然也就不会得到提高。

过去常说思维方式是天生的，会因人而异，但幸运的是，我们现在知道可以通过一些训练来改变我们的思维方式。让我们看看都怎么做吧。

成长型思维模式一
从讲解思维模式的
媒体中学习

▼

仅仅通过看动画片也会产生效果

第一个技巧是接触讲解思维模式的媒体。

多学习描述"人类的能力是可以通过后天努力而改变的"这一事实的视频、书籍、音频等。

虽然这个方法很容易做到，但是并非在很短时间内就能对自己的思维方式产生影响。

事实上，在斯坦福大学的一项实验中，观看讲解思维模式的视频约 50 分钟的学生都提高了期末考试成绩，并且不及格的概率降低了

3%。虽然从数字来看仅是一个小小的变化，但对于仅仅 50 分钟的介绍来说，可以说是一个相当大的成就了。

▼

让我们的思维方式
焕然一新的媒体指南

实验中所使用的视频主要解释了大脑的灵活性。

"人的大脑是童年时期形成的，长大后就不会再发生改变"这一说法已经过时了。目前的研究表明，我们的大脑具有非常大的灵活性，即使我们已经 80 岁了，大脑的神经网络也能够被改变。

实验中使用的视频将这一事实与思维方式联系起来，并解释了我们的大脑如何在训练中获得成长。如果你想改变思维方式，请尝试观看有关类似内容的视频或书籍。

作为参考，这里我们举一些例子。

● TED 视频 "Carol Dweck：你可以做到！——相信未来的'大脑力量'"（https://www.ted.com/talks/carol_dweck_the_power_of_believing_that_you_can_improve?language=ja）

● 书籍《思维模式：关于"努力就能做到！"的研究》（Carol Dueck /Soshisha 著 / 草思社）

● 书籍《我们能为孩子做些什么？培养非认知能力 挑战差距》（Paul Tuff 著 / 英治出版）

● 书籍《大脑如何获得治愈 神经可塑性研究的前沿》（Norman Doidge 著 / 纪伊国屋书店）

如果能把这些内容牢记在心，就可以确保在自己的脑海里种下成长型思维的种子。

要点

要有"人的能力是可以改变的"这样的思维方式。

观看视频或阅读书籍可以让我们确信"努力就能做到！"

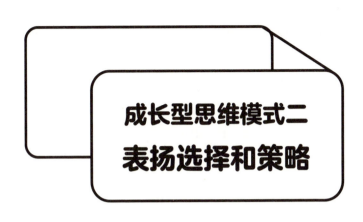

成长型思维模式二
表扬选择和策略

▼

对自己做出的选择和策略进行肯定

━━━

接下来我们需要做的就是时常牢记要对自己所做出的"选择"和"策略"进行赞美。让我们看一些具体的例子。

● 选择："我决定和专注力强的人一起学习""我决定通读一本参考书""我要从多种学习方法中主动地选择适合自己的方法"。

● 策略："在数学学习方面详细设定目标""通过测验让复习变得更容易""通过计划性的小睡让大脑得到休息"。

不管我们有什么样的天赋，如果没有任何方向性地盲目行动的话，不可能到达任何地方。无论我们拥有多少解读世界历史动向的能力，我们都无法仅仅靠读历史漫画来获得知识。

继续采取无效的策略并只靠加倍努力没有意义。只有具备了正确的选择和策略两个必备因素，天赋和努力才能开花结果。

然而，在当今社会中，我们往往只表扬个人才能，而不太注重"选择"和"策略"。

如果我们只称赞能力的话，就会产生"我因能力而受到称赞"的想法，并因此而停止进一步的挑战。它会让人产生失去才能的恐惧。

换句话说，当我们成功做到了某事时，会这样认为："我是一个很有能力的人！"这种想法是彻底不对的。更重要的是着眼于我们所做出的正确选择和策略，如"我很高兴设定了详细的目标"或"选择了这本参考书真是太正确了"，等等。

简而言之，就是**"赞扬过程"**。

我们是否为了有效地学习而选择了良好的资源？有没有制订良好的计划并将其与成长联系起来？要努力关注这一系列的过程，而不要仅仅关注自己的才能。

要点

通过对自己所做的"选择"和"策略"这样的过程进行赞美，而不是专注于自己的能力，我们将有动力接受下一个挑战。用这个办法可以克服天赋的差异！

成长型思维模式三
要认可努力
未必有回报

▼

首先要冷静地接受现实

人们常说，"努力总会有回报"，但我们知道事实上经常并非如此。正如我们之前所讲的，有的人即使再怎么努力也无法超越有天赋的人，如果只是正常生活的话，挑战往往会以失败告终，这样的例子很多。

如果我们总是执着于努力的话，我们内部就不会产生成长型思维。总是将努力与成功联系起来的固有思维也是一种僵化型思维。相反，重要的是要在承认我们的努力没有回报这一事实的基础上，

然后把重点放在前面提到的"策略"上。

为了获得正确的思维方式，请遵循以下 3 点原则来制定自己的策略。

■ 要点 1：设定可能实现的目标

我们可以设定一个较高的目标，但是如果我们一门心思只追求"我要考一个很好的大学""我想赢得某大公司的合同"等目标的话，我们将很难获得成就感。这样不会给我们带来成长的快乐，思维模式也就很难得到改变。

因此，忘记太高的目标，将它们重新设置为"完成一本练习册""每天阅读 10 页参考书""制作演示材料"等比较容易达成的目标。选择一个有 70%~80% 的信心可以实现的目标最为合适。

■ 要点 2：明确达成目标所需的步骤

一旦我们制定了一个小目标，就可以进一步细化实现它的步骤。

如果目标是"做完一本练习册"的话，我们可以把每天要做的事情细化到如"每天至少解决 10 个问题""过 3 天复习一遍没做出来的问题""每学习 30 分钟休息 10 分钟"等。

我们的大脑有这样一个特性，即从我们不知下一步该做什么的那一刻起，动力就会突然减弱。因此，我们应该提前采取具体的措施，以防止自己对如何行动感到迷茫。

■ 要点 3：回顾策略

最后一点是"回顾策略"。如果我们没能达成目标，要反思一下"我的策略有什么问题""设立目标的方法是不是不对"；另外，即使我们实现了自己的目标，也要有意识地想一想："我的策略有什

思维策略·3个要点

要 点 1　设定可能实现的目标

将目标重新设定为"完成一本练习册""制作演示材料"等比较容易达成的目标。选择一个有70%~80%的信心可以实现的目标最为合适。

要 点 2　明确达成目标所需的步骤

制定了目标之后，就可以进一步细化实现它的步骤。如果目标是"做完一本练习册"的话，我们可以把每天要做的事情细化到如"每天至少解决10个问题"等。

要 点 3　回顾策略

如果没能完成目标的话，我们要检查一下："我的策略什么地方不对""设立目标的方法是否错了"。目标达成了的话，要思考一下："这个策略什么地方比较好呢？"好好地体会一下成功的感觉。

抵达终点……	
成功了！	未能成功
因为事先做好了优良的策略	是不是策略出了问题？还能达到目的吗？

么好的地方？"并好好地体会一下成功的感觉。

通过遵守以上要点来制定自己的策略，我们会切实地感觉到自己正在朝着既定的目标前进，脑海中会牢记"小胜利"的经历。这样的积累可以打破"我怎么都做不好"的僵化思维，并让我们最终拥有成长型的思维。

要点

专注于"策略"而不是执着于"努力"。

专注于目标、步骤和回顾，我们的重点就在面前。

成长型思维四
要懂得把失败
当作学习机会

▼

试着对自己说一些温柔的话

对于任何人来说，失败都是一种不愉快的经历，但从另一方面来讲，无论我们做什么都有可能犯错。

如果我们只是逃避失败，成功的机会也就随之消失了，我们的大脑也将一直处于僵化型思维模式。为了培养成长型思维，我们必须正确地面对失败。

诀窍是培养一种"温和"的态度，不要把自己的错误和意外的结果看得太重，当然也不能完全忽视它们，即要有一种"中庸"的态度。

总之，就是要积极地看待失败，将失败视为"新的学习机会"。

如果我们拥有了这样的心态，失败很快就会变成一个学习过程，我们就可以利用自己的错误进行学习了。

何谓自我同情

想象一下，"另一个自己"带着同情和理解对正在懊恼的自己交谈。

把"另一个自己"对自己所说的话写在纸上。

然而，许多人对失败有着根深蒂固的恐惧。即使在这种情况下，也请不要放弃。我们不必强迫自己将对失败的恐惧转变为积极的思考，只需按照以下步骤操作即可。

❶ 想象一下"另一个自己"带着同情和理解正对懊恼的自己交谈。

❷ 把"另一个自己"所说的话写在纸上。

这是在心理学领域被称为 "自我同情"的一种方法。从字面上解释的话，它的意思就是"对自己表示同情"，并且我们已经发现，比起用积极的思维去强行克服失败，培养成长型思维更为容易。

最重要的一点是不要因为失败而责备自己，而是对自己说一些同情的话。

如果你不能很好地想象出"另一个自己"，你也可以这样想象："如果我最好的朋友犯了类似的错误，我该说点什么呢？"非常推荐有强烈自我批评倾向的人试一试。

要点

将失败视为"学习机会"。

就像鼓励自己的朋友一样，对自己说一些温柔鼓励的话。

成长型思维模式五
监控自己的思维

▼

客观地看待自己并提出问题

对于大多数人来说，根据情况的不同会在以下两种思维模式中频繁地进行切换。

- 运动时会充满自信，但一开始学习，就会想"我没有天赋"。
- 本以为自己很有能力，但当一个可以做得更好的新人突然出现时，就会感到恐惧。

即使成长型思维在某些情况下更占上风，但总是有可能被某些微不足道的小事所触发，就会切换到僵化型思维方式。原因是多种多样的，有可能是因为出了什么问题，也可能是因为你在不知情的情况下走出了舒适区。

无论如何，每个人都在"僵化"和"成长"之间摇摆不定，几乎不可能始终保持相同的思维模式。

因此，真正重要的是冷静地观察情况并判断：

"我的思维模式是僵化型的还是成长型的？"

"我突然觉得很郁闷，是因为我的思维模式太僵化了吗？"

"突然没有动力了，是不是因为我的思维模式发生变化了？"

每当我们感觉到自己的心态发生变化时，就要有意识地监控自己的心态。重复这个过程几次之后，我们就能瞬间看到思维模式的转变，比如，"我之所以没有学习，是因为我现在切换到了僵化型思维模式"。

一旦监控成为可能。立即问自己以下问题：

"接下来我该学点什么？"

"如果我想向别人传达知识的话，我想教什么？"

"我想对别人产生什么样的影响？"

即使是一个这样的小问题，也会让人类的思维进入"成长模式"。这是因为大脑会自动开始寻找问题的答案，并逐渐让僵化的头脑活跃起来。

之后，只需按照成长型思维模式三中所设定的策略，做自己需要做的事情。只要我们的思想继续寻求成长，我们生命中的每一次失败都会变成一次机会。

要点

思维模式总是在"僵化"和"成长"之间摇摆不定。

让我们客观地判断目前的情况，让自己持续成长。

在喧嚣的世界里，

坚持以匠人心态认认真真打磨每一本书，

坚持为读者提供有用、

有趣、有品位、有价值的阅读。

愿我们在阅读中相知相遇，在阅读中成长蜕变！

好读，只为优质阅读。

高效学习法

策划出品：好读文化　　　　　特约编辑：郄梦妮

监　　制：姚常伟　　　　　　装帧设计：仙境

产品经理：姜晴川　　　　　　内文制作：三喜

图书在版编目（CIP）数据

高效学习法 /（日）DaiGo 著；凌文桦译 . — 成都：
四川文艺出版社，2023.6
ISBN 978-7-5411-6513-9

Ⅰ.①高… Ⅱ.①D… ②凌… Ⅲ.①学习方法－通俗
读物 Ⅳ.① G442-49

中国国家版本馆 CIP 数据核字 (2023) 第 028945 号

Saitan no jikan de no saidai no seika wo teniireru Chou kouritsu benkyouhou
© Mentalist DaiGo 2019
First published in Japan 2019 by Gakken Plus Co., Ltd., Tokyo
Simplified Chinese translation rights arranged with Gakken Plus Co., Ltd.
through East West Culture & Media Co., Ltd.

著作权合同登记号：图进字 21-2022-342 号

GAOXIAO XUEXI FA

高效学习法

［日］DaiGo　著　　凌文桦　译

出 品 人　谭清洁
策划出品　好读文化
责任编辑　李国亮　王梓画
产品经理　姜晴川
责任校对　段敏

出版发行　四川文艺出版社（成都市锦江区三色路 238 号）
网　　址　www.scwys.com
电　　话　028-86361781（编辑部）

印　　刷　三河市中晟雅豪印务有限公司
成品尺寸　145mm×210mm　　　开　本　32 开
印　　张　8　　　　　　　　　字　数　180 千
版　　次　2023 年 6 月第一版　印　次　2023 年 6 月第一次印刷
书　　号　ISBN 978-7-5411-6513-9
定　　价　45.00 元